57 ways to screw up in grad school

读研指南

[加]凯文·D. 哈格蒂　[英]亚伦·道尔　著　　刘昊　译

搞砸研究生生涯 的57个**教训**

北京联合出版公司
Beijing United Publishing Co.,Ltd.

图书在版编目（CIP）数据

读研指南：搞砸研究生生涯的57个教训 /（加）凯文·D. 哈格蒂,（英）亚伦·道尔著；刘昊译. -- 北京：北京联合出版公司, 2020.11
ISBN 978-7-5596-4546-3

I. ①读… Ⅱ. ①凯… ②亚… ③刘… Ⅲ. ①研究生—学生生活—指南 Ⅳ. ①G645.5-62

中国版本图书馆CIP数据核字(2020)第171358号

57 WAYS TO SCREW UP IN GRAD SCHOOL: Perverse Professional Lessons for Graduate Student
By Kevin D.Haggerty and Aaron Doyle
© 2015 by The University of Chicago. All rights reserved
Licensed by The University of Chicago Press, Chicago, Illinois, U.S.A.

本书中文简体版权归属于银杏树下（北京）图书有限责任公司

读研指南：搞砸研究生生涯的57个教训

作　者：[加] 凯文·D. 哈格蒂　[英] 亚伦·道尔	
译　者：刘昊	选题策划：后浪出版公司
出品人：赵红仕	出版统筹：吴兴元
编辑统筹：杨建国	责任编辑：牛炜征
特约编辑：廖丹丹　王小平	营销推广：ONEBOOK
装帧制造：墨白空间·王茜	

北京联合出版公司出版　（北京市西城区德外大街83号楼9层　100088）
北京天宇万达印刷有限公司　新华书店经销
字数120千字　889毫米×1194毫米　1/32　7.5印张
2020年11月第1版　2020年11月第1次印刷
ISBN 978-7-5596-4546-3
定价：36.00元

后浪出版咨询(北京)有限责任公司 常年法律顾问：北京大成律师事务所
周天晖 copyright@hinabook.com
未经许可，不得以任何方式复制或抄袭本书部分或全部内容
版权所有，侵权必究
本书若有质量问题，请与本公司图书销售中心联系调换。电话：010-64010019

目　录

"搞砸"的简介 ·································· **001**
　　我是谁？ ···································· 009
　　性别代词 ···································· 011
　　硕士论文对比博士论文 ·························· 011

"搞砸"的方式 ·································· **012**

启　程 ·· **013**
　　1. 根本不想为什么要读研 ························ 017
　　2. 忽略就业市场 ······························· 024
　　3. 一直待在同一所大学 ························· 027
　　4. 盲目追求金钱 ······························· 030
　　5. 读一个没有资助的博士 ························ 035
　　6. 读跨学科博士 ······························· 037
　　7. 相信宣传的毕业时间 ·························· 040
　　8. 忽视大学为你提供的信息 ······················ 042
　　9. 不做理财计划 ······························· 043

导　师 ·· **049**

1

10. 保持沉默，单独行事 ······ 050
　　11. 选择看上去最酷的导师 ······ 054
　　12. 拥有合作导师 ······ 058
　　13. 不清楚导师（或你自己）的期望 ······ 060
　　14. 不见导师和委员会 ······ 062
　　15. 陷入糟糕的师生关系 ······ 064
　　16. 指望别人手把手地帮你 ······ 066

研究生项目管理 ······ **069**
　　17. 只关心你的论文 ······ 071
　　18. 期待完美地通过综合考试 ······ 073
　　19. 选题完全出于战略原因 ······ 076
　　20. 要么不教课，要么教一大堆课 ······ 079
　　21. 不寻求教学指导 ······ 082
　　22. 毕业前搬离学校 ······ 085
　　23. 推迟烦琐的审批流程 ······ 088
　　24. 凡事只动脑不动手 ······ 092
　　25. 要么不参加会议，要么参加一堆会议 ······ 094

工作和社交生活 ······ **099**
　　26. 只关注学习 ······ 100
　　27. 期望朋友和家人理解你 ······ 102
　　28. 只与一个小圈子打交道 ······ 103

29. 找一份与专业毫不相干的工作！………………106

论文写作………………………………………………**109**
　30. 只写博士论文………………………………………110
　31. 迟迟不发表论文……………………………………113
　32. 什么都想涵盖进去…………………………………117
　33. 不给自己定位………………………………………120
　34. 不到截止日期不写论文……………………………122
　35. 折磨你的读者………………………………………127

你的态度和行为……………………………………**133**
　36. 只想通过成果获得评价……………………………134
　37. 脸皮薄………………………………………………137
　38. 不体谅他人…………………………………………141
　39. 成为"那个"学生…………………………………145
　40. 从不妥协……………………………………………148
　41. 八卦…………………………………………………150
　42. 在社交媒体上口无遮拦……………………………153

敏感问题……………………………………………**157**
　43. 以为大学比其他机构更具包容性…………………158
　44. 过早卷入维权纠纷…………………………………164
　45. 与教师坠入爱河……………………………………167
　46. 欺骗和剽窃…………………………………………169

这就结束了吗？不，还要收尾 ·············· **175**

 47. 跳过求职演讲 ·············· 176
 48. 期望在特定大学找到一份工作 ·············· 181
 49. 指望别人会雇用你去教授自己的论文 ·············· 184
 50. 对找工作的机会视而不见 ·············· 186
 51. 不看其他人的论文 ·············· 188
 52. 选择校外评审专家 ·············· 189
 53. 对最后阶段一无所知 ·············· 192
 54. 对答辩漠不关心 ·············· 198
 55. 不为工作面试做准备 ·············· 204
 56. 不惜一切地坚持 ·············· 208
 57. 认为从事非学术工作就是失败 ·············· 211

最后的想法 ·············· **215**

附录：研究生院概览 ·············· **219**

 论　　文 ·············· 223
 项　　目 ·············· 225
 院　　系 ·············· 226
 人　　员 ·············· 227

致　　谢 ·············· **232**

出版后记 ·············· **234**

"搞砸"的简介

利亚姆（Liam）遇到了许多硕士生都曾遇到过的问题。他花了几个月的时间寻找受访者来完成自己的论文——一篇研究近些年芝加哥埃及移民经历的文章。然而，他越发清晰地发现，自己不能按时找到足够的受访者完成自己的研究。接下来该怎么办？他可是打算在秋天开始攻读博士学位啊。

经过多日的折磨，他突然想出一个铤而走险的解决方案。他另辟蹊径，决定去接触了解埃及人的人——但他们本身并不是埃及人——并要求他们假装自己是埃及人，描述自己如何在埃及长大，又如何从埃及移民到美国，等等。我们不知道他脑子里到底在想什么，全天下的人也永远不会知道他是如何把这件事抛给受访者的，或者受访者对此有什么想法："你是在研究人们伪装埃及人伪装得有多好吗？好吧。听起来我还可以接受。这项研究给你发补助金了？"我们永远不会知道，利亚姆是否也在某种程度上说服自己这一方法是可行的。

利亚姆的做法属于学术欺诈，并且被当场抓住，但他的问题并没有就此止步。一位系主任在评估利亚姆的博士学位申请时，知道了他这另类的数据收集方法。利亚姆的申请排名原本靠近招生名单的顶部，但是现在他已经搞砸了，以一种会成为当地传奇的方式搞砸了。

当大学生完成本科学位课程时，有些人会考虑进入研究生院。你可能一直都知道未来自己会考取硕士或博士学位，也可能是与你交好的教授鼓励你去考虑这一条道路，抑或可能你就是想把贫困潦倒、凌晨三点一碗面条以了食欲、论文写作拖拖拉拉、焦躁不堪的学生生涯延长到而立之年甚至更久。出于多种因素，相比于以前，现在有更多的人打算读研究生。这可能是一个很好的选择，因为高等学历职业以及与高等学历相关的职业薪酬待遇也会更丰厚。但如果是因为错误的原因选择读研或者没有读好研究生，这也可能是个搞得生活一团糟的"好机会"。鲜有搞砸者能够达到利亚姆"假埃及人访谈"的糟糕程度，但确实会有很多机会将事情搞砸，有时候搞砸的方式非常错误，后果严重。对于任何人来说，上研究生院的路途令人望而生畏，因为这牵扯到需要将多年时间花费到一个陌生而又崭新的教育时期，并且不能保证你毕业后会找到工作。

即使有这样的风险，研究生院的人数依然增长得很快，大家仿佛对这些陷阱无动于衷。一年又一年，许多人像旅鼠一样匆匆忙忙地陷入与他们的前辈相同的失误之中。然而在这些人中，有相当一部分忽视甚至敌视可能帮助他们避免搞砸的建议。

多次目睹了这一过程，我们得出结论：一小部分学生根本就是想搞砸。我们不知道为什么。也许他们是受虐狂或者是害怕成功。也许他们暗想："美好的一天就是我又向砸碎梦想迈进一步的一天。"也许他们正与根深蒂固的心理问题抗争。不管什么原因，我们的心都向他们伸出了橄榄枝。这本书的确可以帮助他们。本书制定了一套行动方针，保证他们能以极其糟糕的方式度过研究生生涯。

研究生院通常包括硕士或博士学位。这些学位在自然科学、应用科学、人文科学、社会科学和教育领域中有不同的名称。读硕士学位对于大多数人来说是个不错的选择，然而读博士学位的风险性更大。你一般能在合理的时间内读个硕士学位，并且变得比你刚开始读研时更优秀。如果不能读完这个学位，你顶多难受一两年。而博士的投入就更大了，搞砸它会让你的大部分乃至全部的青春岁月付诸东流，并且可能会给你的就业前景、终生经济状况、重要的人际关系和自尊带来严重又无法挽回的损失。

  人们想要获得研究生学位的原因有很多，但并非全部都合情合理。对于大多数学生来说，研究生院是找工作的踏板。有了博士学位，工作一般就定位在大学或学院体系中，有时也会定在其他相关领域。所以，"搞砸"的后果不仅意味着会把研究生生涯搞得一团糟，还意味着以后会限制你找到一份好的或是有着丰厚报酬的工作。我们将"搞砸"分为不同的等级。有些人会破坏甚至中断研究生教育，而另一些人会卷入没那么严重的事儿，这些事儿只会让你在研究生学校的日子变得没那么有意义和愉快。

  许多学生刚开始研究生生涯时就会受到文化冲击，因为这与他们的大学生涯全然不同。这种转变和高中到大学的转变一样大。大多数家长没有读过研究生，所以学生一般不会向他们寻求太多的指导。理想的情况下，研究生生涯应该包括很多一对一指导：一位教授——通常是学生的论文导师——密切指导学生，帮助学生吸收研究生院所有的精华，尤其让他们知道研究生生涯的成功不仅仅是完成官方的要求那么简单。有时这种指导确实存在。不幸的是，并非所有教授都有时间或奉献精神给予自己的门生需要的所有指导。另外，根据研究生院的具体情况，进入研究生阶段的学生可能不会立即与导师或临时指导教授建立起联系，因此开始的时候得不到太多指导。在一些课程中，尤其是硕士学位课程中，许多学生一连几个月不联系导师的情况已成常态，或许直到读研第二年，这种情况才会得以改变。直到读了好几年研究生，这些学生才充分学会如何度过研究生生涯。并且，有些学生从来没有得到过这种指导。

研究生教育并不神秘，没有不可告人的秘密，人们也不会排斥或抛弃那些透露内部消息的人。问题在于，很少有人费心地写下研究生院非官方的惯例和行为准则。原因很简单，赢得嘉奖和提升大学职位的最佳方式就是做研究，获得资金和撰写学术著作或期刊文章，而不是指导学生或出版指导手册以培养新一代学者。确实，一些学者不喜欢这种写作，认为这是在浪费宝贵的研究时间。

然而，随着越来越多旨在帮助研究生的书籍和博客的出现，这一情况开始有所改变。这些资源非常有用，但其中很多资源往往只把焦点放在研究生生涯的几件大事上，例如论文答辩或第一次工作面试等。这些事是前进道路上的过渡仪式，如果搞砸了，那你可就成为"传奇人物"了。但是，只有成功越过研究生院中的一个又一个陷阱，你才能碰上这些大事。

在本书中，我们坚定不移地为"如何搞砸研究生生涯"提供建议。我们的主要读者群是那些正在考虑——无论目标多么遥远——从事讲师、研究员抑或教授等高学历工作的学生，以及那些正在考虑是否做以及如何做一个硕士生和博士生从而达到上一个目的的学生。我们的建议也对那些希望通过研究生学习来实现个人价值抑或是获得技能与证书从而促进他们非学术性职业发展的学生有意义。

虽然大学是一片独立的天地，但其内部发生的大多数事情都与其他机构存在着共性。因此，本书很大一部分内容实际上与那些可能想要在几乎任何类型的工作场合中搞砸的人都有关联——这就是为什么我们将接下来的内容定义为"有悖常理的专业课"的原因。

写这一本书时，我们一直把看到研究生成功作为自己的写作动力，希望以此帮助他们取得美满的结果，并且获得待遇不错的工作。写书贯穿了我们整个研究生生涯，读博期间，我们挤在一个小办公室里，通过一杯啤酒或三杯啤酒解决了一个又一个小危机。我们一直在思考和讨论研究生的生存技能。我们不仅发表了有关大学生活方方面面的文章，还指导了大量的硕士生和博士生，其中一些人已经获得了奖学金殊荣，还有一些人现在已经成为教授。我们都是各自硕士生项目和博士生项目的研究生院院长，负责本院所有的研究生（可能有一百乃至更多的人），并且决定录取哪些学生，谁应该获得奖学金，以及其他事项。我们二人不仅在教学和研究方面获得过嘉奖，在指导研究生方面也获得过嘉奖。

一路走来，我们看过许多搞砸了的人，自己也曾犯过不少错。基于这样的经历，我们很快便开始详细描述"搞砸"的诸多教训。接下来对"搞砸"的描述都是围绕主题展开，从头到尾贯穿了整个研究生生涯，从考虑决定考取硕士学位、选择学科、选择大学和选择课程开始，直至读完博士生以及寻找工作或获得博士后奖学金的整个过程。不论是读研期间一直在读此书，还是随机拿出来翻一翻，都请务必通读一遍，重要的经验教训有时会出现在意想不到的地方。

我们与不同院系和大学的同事以及许多在读和已经毕业的研究生分享了本书的草稿。这些人都很慷慨地给出了自己的看法与意见，完善了我们对研究生生涯的描述。我们采访了与研究生教育相关的各个校区的工作人员，包括副院长、伦理学研究主任、申诉专员、职业发展主任、财政资助办公室工作人员、国际学生中心和写作中心的工作人员，以及负责学生纪律的人员。我们经常借鉴他们的经验与建议，与此同时，还要注意避免泄露他们的身份。

如果你有自虐倾向，那就放一百个心，遵循我们的 57 个方案，将会给你带来糟糕透顶的研究生体验。当然，我们也希望指导那些想要好好表现的人。尽管我们的焦点是如何搞砸，但我们想要强调的是研究生院的存在并不是为了让你尝尝失败的滋味。教职人员和工作人员（大多数情况下）不会共谋寻找耸人听闻的新方法让你一败涂地。实际上，你遇到的大部分人都会设身处地地为你着想。同时，他们也希望你能成为最好的学者，因为你终将成为他们的脸面。

我们明白，把焦点放在如何搞砸上可能会误导一些人断定研究生院和学术界危险重重，但大学和其他工作场合一样，并不危险。事实上，我们非常喜欢在这里工作。我们每个人的学术生涯都极为充实，我们也相信虽然很多学生各不相同，但他们都可以凭借自身技能和专业技能从这里脱颖而出。我们真的不想把你吓跑。好吧，也许我们是想吓唬吓唬你，但只是为了帮助你了解研究生院和更广阔的大学生活。

我们二人有着同样的博士生导师：故去的理查德·V. 埃里克森（Richard V. Ericson）。两人都是在多伦多大学犯罪学中心遇到的理查德，那时他是亚伦（Aaron）的硕士生导师，同时也在指导凯文（Kevin）进行的一项大型研究项目。

1993 年，我们跟随他到了不列颠哥伦比亚大学，在那里，他成为我们社会学博士学位的导师。理查德是一位杰出的学者和导师，他开创了我们的事业，并为我们树立了学术诚信和亲身指导学生的典范。现在，我们仍然时常借鉴他的指导，写这本书也是为了把这一传统发扬光大。

本书末尾的附录里概述了研究生院的工作人员以及做事方法。对研究生院的基本知识还不熟悉的读者可能想从这里读起，它可以为你更好地领会"搞砸研究生生涯的57个教训"奠定基础。

我是谁？

"我是谁（Who are I）？"这个问句糅杂了单数和复数，虽然造成了语法错误，但运用这种组合写书再合适不过。本书由两人撰写，提供了研究生教育的单一视角。然而，在写这本书的时候，我们发现了一个棘手的风格问题。我们希望用主动语态写作，希望文字能够言简意赅，易于阅读。我们也希望它能够浓缩我们的大量经验，因此本书中有一些来自凯文的生活经验，另一些取自亚伦的生活经验，还有一些对两人的经验都有所借鉴。基于这些想法，我们应如何在书中让读者能分辨出我们呢？

一开始，我们尝试以具体的名字诉说自己的趣闻，但在收尾时我们写下了这样拙劣的句子："这可能是我（道尔）在自己的生涯中做出的最明智的选择。"然后，我们尝试泛泛地谈及其中一个人："这可能是作者之一在他的职业生涯中做出的最明智的选择。"但这样让文本读起来很是冗长费解。接着，我们考虑以"我们"贯穿全文："这可能是我们在职业生涯中做出的最明智的选择。"这不仅让人很困惑，而且还有些做作。

于是，我们决定以第一人称来写本书的主要章节，以"我"以及"我的"贯穿始终。所以，尽管是两个人的经验，但我们写的句子是"这可能是我在职业生涯中做出的最明智的选择"。这是在英语语言不能提供理想选择的情况下，最终做出的语法上的妥协。

除了使本书更具可读性之外，第一人称还有另一个重要的好处。我们在本书中讲述的许多故事都取自我们作为研究生、导师以及研究生院院长时的经历。为了不让任何人感到难堪，我们不会私自透露卷入那些趣闻的人物信息。我们改变了所有人的名字并稍微调整了一些细节，以保证匿名性。在这方面借助第一人称，读者便无法分辨阅读的内容是凯文还是亚伦的经历，从而给予我们的朋友和同事更大的隐私保护。

性别代词

为了提高本书的可读性,我们将不同范畴的人以"她"和"他"来称呼。我们将导师、院长、大学校长、校外评审专家和所有研究生统称为"她",将系主任、副主任、申诉专员、行政人员和所有教职人员统称为"他"。这样归类并非刻意而为。

硕士论文对比博士论文

虽然有些人认为硕士生写硕士论文、博士生写博士论文,但这一术语在不同大学甚至不同院系内部差异很大。为避免反复说"硕士论文"或"博士论文",我们以"论文"一词指代两者。

"搞砸"的方式

启　程

　　申请研究生院的过程可谓激动人心。这也需要投入大量的时间，尤其是如果你想把它做好。为了避免在攻读学位初期陷入困境——其中一些可能会在未来几年里一直困扰你——在抵达校园之前的很长一段时间里，你还有很多工作、很多决定需要去做。

　　仔细想想你为什么想进研究生院，以及你想从这一经历中得到什么，无论是短期的还是长期的。你还需要考虑考虑以后想要从事什么类型的职业，以及研究生教育将如何帮你实现最终目标。潜心研究一下研究生院是什么（以及不是什么），它是如何运转的，以及你所选专业的就业前景。如果你在申请学校前正在阅读此书，首先给你点个赞，但你也务必要与朋友、讲师和导师交谈，以便对研究生教育和毕业后可能从事的学术、研究或其他职业的生活有更深刻的了解。

在考虑申请学校或正在申请学校时，最好联系一下你所申请项目的研究生院院长（即负责这些项目的教授）。如果可以的话，可以和在读研究生谈谈，尤其是那些正在读你感兴趣的项目的研究生。在这些项目的研究生院院长的帮助下，你能经常和这样的学长学姐见面。如果你能够和那些在研究生院中既有好的经历又有不好的经历的学生交流，自然会更好。

如果你觉得读研很适合自己，那么就申请入学。这个过程很耗时，所以要给予它应有的关注。这件事并不是填填表格和提供成绩单那么简单。这一申请除了让你进入你所选择的项目之外，也是你第一次用智慧和执着（或缺乏这样的能力）给（或没给）一众学者留下深刻印象的途径。想想你想给他们留下什么样的第一印象。一份突出的申请也可以帮助你获得尽可能多的资金。你通常需要写一份研究志趣或研究计划陈述书，这需要你深思熟虑并投入大量的工作。你可以向教授和在读研究生展示草稿并从中获得反馈。在做硕士生和博士生课程的研究院院长时，我就会基于申请人的草稿给出反馈。

你所申请的专业的招生委员会会仔细阅读你的陈述书。一份理想的陈述书应包含研究计划的详细说明，要体现出项目所依据的研究文献，并根据学科情况介绍一些研究方法。一份糟糕的陈述书可能很少包含关于研究计划的细节，相反包含着一些泛泛之谈，例如"热爱学习"等。你要明白，撰写陈述书终究只是一次演习：你所提出的具体项目并非一定要执行。委员会成员就是想看看你是否对研究生研究项目有所了解，同时，他们也在寻找你的兴趣和他们的项目之间的契合点，以及考虑一下他们的教师是否能够支持你的研究。

看看是否有适于你申请的奖学金，从而资助你在研究生院做研究。有时，这些奖学金申请的截止日期要比研究生院申请截止日期早几个月。

你需要请求最近与你合作过的教授为你写推荐信。不要羞于请求教授为你写推荐信：写推荐信是教授的本职工作。一定要给予他们充分的时间！让一位教授在短时间内写一封推荐信是一个严重的错误，因为他们会草草了事，文章读起来就会没有热情。在请求教授为你写推荐信时，拿不准他们会给你怎么写也是一个错误，这个时候直截了当地询问会比较好："根据我之前与你一起工作的表现，你是否愿意为我写一份有力的推荐信来申请研究生院？"

了解申请过程中是否需要完成一些考试，例如美国研究生入学考试（GRE），这是一项标准化考试，是许多美国研究生院要求申请者所必须具备的条件，另外还要了解要为这些考试做什么样的准备。再次强调，该过程的这一部分可能需要消耗相当多的准备时间。

你还需要选择申请什么专业，如果能够通过，还要选择去哪个学校就读，你面临的这些选择可能会改变你的一生。想要考取什么学位，想获得多少资金和什么类型的资金，以及想要谁成为你的导师，这都是你可能面临的抉择。这些选择将决定你的高等教育体系、经济状况和长期就业前景是什么样子。有些选择也可能会让你走上一条通向一败涂地的不归路。所以花些时间好好抉择，如果某些人的建议对你来说很重要，那就和他们详细地谈谈。不同的研究生课程会在不同的时间公布录取信息。如果你在几所学校之间摇摆不定，那么要问清楚必须在什么时候对他们的录取信息做出回应。如果有一项研究生项目正在等待你的决定，然而你还在等待另一个项目的录取通知，该学校可能会给你放宽回复时间。

即使在最初的阶段，你也会有很大的概率做出一些能够影响你多年的糟糕决定。然而，通过预见、规划和脚踏实地地思考你的抱负，这些都可以尽量避免；不然的话，你就有望把这一概率最大化。

1. 根本不想为什么要读研

研究生院是一块风水宝地,在这里你可以与有才智的人交往,也可以从事一些引人入胜的学术项目。继续求学之所以令人神往还因为它也可以让你轻松地回答一个令人生畏的问题——"现在你打算做什么?"这个问题你在读研的时候会经常听到。

人们选择读研既有显而易见的原因又有特殊的原因。例如,我的职业音乐家朋友约翰(John)患上了严重的肌腱炎,无法再弹吉他,仅仅是因为想不出还能做什么,所以开始攻读商业硕士学位。还有人选择读研可能仅仅是因为伴侣正在申请同一所院校。虽然一些优秀的学者做出寻求高等学位的决定并没有耗费多少心思,但是直接选择进修,而没有经过深思熟虑,看看它是否适合你,以及你希望从这一经历中获得什么,仍然很疯狂。不可思议的是,一些学生考虑是否读研的时间比他们规划假期所投入的时间还要少。

读研的意义还因你想读博士学位还是硕士学位而有所不同,如果是后者,还要看你要读什么类型的硕士。读硕士学位远不及读博士学位的风险高。硕士课程通常更简单,并且通过率也高得多;硕士生有更多的自由空间去探索学术是否真的适合他们，获得学位证的同时还可以晚一两年找工作。硕士学位总归让你的简历好看些，并且学习的领域可以大大扩展你的就业选择，而不是让你成为某一特定领域的专家。

而对于博士生来说，读研意味着相当大的个人、职业和资金投入。在这里，你既有可能拥有有生以来最耀眼的学术生涯，也有可能以一场血本无归并令人心碎的挫败而告终。例如，你不去读博，而是在这四年或者更长的时间里全身心地投入到工作当中，你可能会攒下一些钱（而不是负债），获得宝贵的工作经验，并在单位里升职。所以，攻读博士学位的职业成本很高。它不仅要花费比读硕士更高的时间成本，而且还有相当高的无法毕业的风险。它要求你成为一个领域的专家，因此会把你所有的鸡蛋放进一个专业的小篮子里，或许还是个错误的篮子。实际上，博士学位有时会缩小你的工作选择范围。

总而言之，如果你想从事研究或大学教学工作，或者想在附属领域工作，并且觉得这么做的可能性很大，那么可以考虑读博。博士学位是最高的学位，虽然许多博士毕业生会在大学以外从事其他感兴趣的工作，但在大学工作，尤其是在人文和社会科学方面的工作，博士学位不仅是必备条件，还备受重视。也就是说，对于学术生涯来说，博士学位是最低要求，除了毕业之外，你要做的还有很多，尤其要发表你的研究成果，使自己在获得终身教授职位上更具竞争力。本书的一个重要主题是如何在研究生院成功，所以你需要做的不仅仅是满足学位的官方要求。

这种终身制学术工作的许多特点极具吸引力，比如（至少在广义上）你是自己的老板，可以铺设自己的职业道路，在一个充斥着智慧的世界里管理着自己设计的长期项目；终身教授有很多特权；教新一代的学生可以获得很高的成就感；学术工作也具有很大的自我提升空间，并且会给你带来一定的"博士"的威望（即使你总要解释你不是"那种"博士）；发达国家的学术工作薪酬普遍较高，但正如我在其他章节指出的那样，某些学科的就业市场需求正急剧下降。

兼职教授或合同制讲师这种临时工作是不太理想的选择。这些职位一般由高年级博士生担任，他们在读博的最后几年进行教学，或者由已经读完博士学位的人担任。根据合同要求，他们每学期需要教授一门或多门本科课程。虽然这可以给你带来宝贵且具商业价值的教学经验，但最好不要为之花费大量精力。如今的大学很大程度上依赖于这样的讲师，一定程度上是因为他们是廉价而又灵活的劳动力。在一些院系，兼职教授（亦称实习讲师）需要给70%或者更多的本科生讲课。这些人的工作非常重要，但他们的工作保障很差，福利也很少，而且薪水也不高，尽管组建工会等努力可能会在一定程度上改善工作条件。在兼职教授或实习教工中，女性学者的数量也不成比例，有失公允。短期而言，研究生和刚毕业的研究生可以在这些岗位上获得宝贵的经验，但大多数人最后都没有找到更具吸引力的终身教授职位，只能在漫漫的兼职工作中长跑。遵循本书的建议可以帮助博士生避免落入兼职／实习陷阱。

简而言之，攻读博士学位可能是毁掉你生活的好办法。尽管获得博士学位可能有充分的理由，但它也可能不适合你。一定要明白，不能因为不知道还能做什么就去攻读博士学位。这可能是一个灾难性的错误。读博并不是推迟职业选择的办法，它本身就是一个职业选择，所以在申请入学之前，最好先全面地权衡利弊再做决定。

不要为了取悦别人而去攻读博士学位。比如，你想成为学者的很大一部分原因不应该出于父母的期待。最近我和一位博士生谈了很久，他下定决心不写论文了，他已经在政府部门找到一份新工作，相对于走学术的道路，他更适合这份工作。他估计，要不是因为害怕让父母失望，两三年前他就不读博士了。

同样，不要因为现在的教授鼓励你，你就去攻读博士学位。这种鼓励很温暖，值得铭记于心。但是，距离很多教授读完博士到现在，就业市场已经发生了翻天覆地的变化，他们可能对今天走上学术道路的艰难和风险一无所知。因此，除了看到你尊敬的人告诉你应该去读研究生之外，你需要考虑更广泛的因素。不要仅仅因为你能获得博士学位而去读博，或是因为它会让你听起来很聪明，抑或是因为当人们问你要做什么时，读博可以给你一个不错又中听的答案。

虽然你可能会被学者所享有的职业特权吸引，但另一方面，你应该有自己的主见。聪明才智显然是一笔巨大的学术财富，但学者少有天才，我确实认识一些在研究生生涯一败涂地的人才；成功的学者当然聪明，但他们也很专注和自律。如果没有纪律性和决心，你可能会在研究生生涯遇到各种问题。

如果你经常需要表扬，也要对是否选择学术生涯三思而后行。大多数研究生都曾是表现不错的本科生，他们习惯于时常接受积极的反馈，而现在，反馈内容有好有坏，并且不再那么频繁。有时可能是巨大的奖励——获得丰厚的奖学金或在权威杂志上发表文章，但是，研究项目的许多反馈可能会在未来几年才能收到，所以你需要在这样的环境中保持积极性。在日常生活中，你还要时常面对各种拒绝，可能是驳回的资助申请，也可能是期刊的退稿；你也会从你的学生那里得到教学评估的反馈，虽然这些反馈可能会让你非常满意，但这些听众有时也会让你非常闹心。如果你总想得到肯定，你可能会发现自己陷在困境当中。

你还需要能够在竞争激烈的环境中工作。我经常被那些说他们讨厌被别人评价或被别人做比较的研究生搞得莫名其妙。如果你讨厌被评判，那你就不该来这里。在当代大学体系中，几乎所有东西（大学、院系、研究经费、期刊、会议、学术出版物、你教授的课程……）都要进行评估，并且通过各项指标不断地进行排名。你和你的所属单位在这些排名上的表现将对你的职业生涯产生切实的影响。如果这种评估和竞争让你心烦意乱，那么或许你该重新考虑一下是否决定从事学术工作。

成为一个全面发展的人也是一笔巨大的财富。具有随和性格和兴趣爱好广泛的人的学术生涯更加顺风顺水，并且如果你能够利用好不同的技能和人格特质，将对你大有益处。比方说，做研究需要你长期专注于同一个任务，有时需要独立完成。相比之下，教学则需要更好的社交能力和成为焦点的能力，这可能与在实验室处理档案或埋头工作的孤独毫不沾边。行政部门希望（一部分）学者们能够掌握自己内部的一套人际交往技巧和领导技能，通常会对他们进行简单的培训。很少有人能够拥有在所有领域都表现出色的性格特征，但他们仍希望你能胜任完全不同的任务。

学术工作是最主要的，如果你的个性特征会妨碍你在这一方面的表现，那就不要读研。如果你害怕水，没有人会建议你当一名救生员。这同样适用于阻碍尽学术责任的焦虑。例如，我认识一个学生，她特别厌恶写作，厌恶到觉得这是一种折磨；另有一个学生在读博第五年的时候才发现他不喜欢自己一个人看书看电脑。然而，这就是研究生和教授们的生活日常，而且，说实话，那时才发现已经有点晚了！还有一个同事发现他害怕教学，在课堂上会感到焦虑，他现在正在找其他行业的工作。所有这些人都很聪明认真，但鉴于他们的个性特征，他们可能本就不应该读博。当然，我们并不是总能提前做出判断：我是一个比较内向的人，在我读研究生的时候，我不确定自己是否能胜任大学老师的角色；在尝试过后，我发现我喜欢这个角色。

读博为什么不是你的最佳选择，以上只是其中小部分原因。最根本的一点是，在考虑准备读博的时候，要记住它就相当于研究工作或教学工作抑或是两者兼具的职业培训，且通常（但并非全部）在大学内进行。如果你兼有合适的职业抱负和人格特质，学术工作会是不错的选择。从一开始，你就该尽可能多地了解学术生涯的方方面面，这样你就可以明白它是否能满足你的目的、适合你的个性；你也应该调研一下你的学位可能适合什么非学术职业，弄清读你感兴趣的课程的研究生走过的路径。

2. 忽略就业市场

研究生学位的一个特征是它们与未来的工作紧密相连，这一特征使研究生学位与本科学位之间有所不同。这一不同十分重要，因而我把它单列出来，以供你在选择研究生院时审慎考虑。

长期以来，高校办公人员都不愿意把学位与工作牵扯到一起。他们认为，大学不是提供职业培训的地方，那应该是职业技术学校或专科学院做的；相反，人们上大学应该是为了成为有涵养并且全面发展的公民，学位可以帮助你找到工作只是一个额外的奖励。与此类本科学位相关的思维定式仍难以根除（也有一些有价值的意外），即大学不应该是一类工作的培训场所，而是一个为学生提供普通高等教育的地方,使他们满足广泛的就业市场。

这一情况与研究生学位不同,尤其是博士,它就相当于一场职业培训,而这些职业局限于大学或者相关领域的高度专业化的工作。硕士学位处于两者之间,处于更宽泛的高等教育和专业化培训之间。不论考虑读什么学位,你都应该调查一下你可能会进入的市场。

遍地的大学和学院很容易让你觉得上完学之后工作多的是,现实却是大学的就业现状在迅速地发生改变,如今存在的院系乃至所有学科将来可能会有所改变。

这些变化的一个关键驱动因素是大学更加强调以经济"底线"为导向,这种思维方式有时被称为新自由主义。曾经,大学管理人员往往从智力、对纯知识的贡献或是更广泛的社会意义方面证明院系(和整个领域)存在的必要性;如今他们越来越多地被要求谈论课程如何创造就业机会,如何生产适销商品,如何与行业结成合作伙伴关系,或者如何为国家整体财政福祉做出贡献。虽然很多在大学工作的人认为,当用以思考研究和高等教育各种好处时,这一思维方式很怪异,既误导人又令人反感,但这种方法似乎会持续发展下去。无论你对这种商业化的思维定式有什么看法,这一现实你不得不接受,即学生必须要考虑毕业后如何对自己有所交代。

这种思维方式也延伸到了学术预算。现在，大学校长、院长甚至系主任必须去乞求私人捐助者，以期获得更多的运营资金。实际上，有些学科（医学和工程）要比其他学科（文学和语言学）更容易获得捐赠，这使得全校本就紧张的财务局势更加糟糕。最终结果就是，人文学科、社会科学甚至基础科学都面临着很大压力，它们可能在二十年内完全找不到自己在学校里的存在感。那些曾经是大学绝对核心的领域——如哲学、文学和英语——现在则经常受到威胁。虽然将来必定会有相关的学术工作，但该领域正在以不可预知的方式进行重组。

你需要考虑毕业时能不能在自己的领域谋得一份工作，无论是在大学、私企、政府、非政府组织还是工厂，并且不要相信那个众所周知的说法：学术就业市场不久就会扩张，因为现有的教授们必定会退休，会被新一代所取代。我听这样的言论已经有二十余年，却丝毫没有看到学术就业市场有扩张的迹象（并且，现实恰恰相反）。此外，大学是要以新的学术血液来恢复活力，但这并不意味着他们会重新激活你的学科。

不过，我们可能过分沮丧和悲观了。在我的社会学系里，那些在过去十年里毕业的博士生大约有一半已经获得终身教授的职位，并且所在的领域也不曾提及经济"底线"的方法。

大学就业指导中心可以为你提供可能解决这些问题的信息。你可以和那里的工作人员定个时间，坦诚地谈谈你所在学科的就业前景。要注意的是，该中心的工作可能不是主要针对研究生的。另一条路是通过与研究生导师或其他你感兴趣的项目的教授交谈，弄清楚之前的学生毕业后从事的职业，有多少学生从事学术工作，有多少从事非学术工作，以及他们都在何处谋生。你可以通过导师与学姐学长取得联系，听听他们对该学位价值的见解。读研与否是你人生中最重要的决定之一，你需要对其进行彻底的研究。总之，不要以为你一毕业就能找到工作。

3. 一直待在同一所大学

现在的大学越来越国际化，学生可能来自全国各地甚至大洋彼岸。也有学生截然相反，他们会选择当地的大学，因为他们乐于享受家乡的温暖。在同一所大学取得你所有的三个学位（本科、硕士和博士）是很诱人的：你早已在那儿建立了私人与工作上的朋友圈，你熟知大学的惯例，你与教师之间的工作关系坚不可摧，甚至会有潜在的博士生导师盯准了你，准备带你融入他现有的研究项目。这使得留在同一个院校极具诱惑性，但这样做也可能是个错误。

朋友和同事常常告诉学生要去不同的大学获得学位，但很少有人解释为什么。其中一个原因是不同的学院有着不同的优势，去不同的大学或国家可以让你接触到不同的领域。如果你在同一个院校完成了本科和硕士学位，会有人说你可能从该院系获得了你能得到的一切，无论是奖学金还是在院系的研究项目（这是否属实另当别论），而去其他学校读博士学位证明你已经扩大了你的知识视野。反过来看，当其他人看到你在同一个院系完成所有学位，会认为这是你缺乏学术上的广度和独立性的象征，认为你不够聪明或者是不够努力按标准建议去其他地方学习。我一直在招聘委员会工作，有些求职者虽然很有趣，但就是因为在同一所大学获得了所有的学位而被委员会剔除。

如果你读硕士的大学与本科时相同，除非你读的是硕博连读的项目，不然你还是应拼尽全力到其他大学读博士。尽管留在家乡或是搬去自己理想中的地方（比如纽约市，那些靠近冲浪海滩的地方，或是其他合你胃口的地方）取得研究生学位让你欲罢不能，但你必须仔细权衡一些学术因素，比如研究生项目的声誉，它提供的资金，尤其是可能与理想导师共事的机会，以及一些如生活成本之类的非学术性因素。

然而，也有其他重要因素可能会导致一些例外，使你不用再遵循去其他大学就读的规则。例如，你虽然留在同一所大学，但是转到一个做不同研究的实验室；又或者，也许全世界只有一个实验室拥有你开展研究所需要的专业知识和设备。同样的情况也适用于导师：你可能已经和最优秀的人在你的领域进行最前沿的研究。在这些情况下，待在原地是可以理解的。

所以，与其只是遵循去不同大学就读的规则，你最好还是认真权衡一下留在同一所大学和去其他大学就读的利弊。有些人尽管在同一所大学获得所有学位，但确实已经谋得教职的工作。事实上，我有一位同事就是这种情况，尽管他还有另一优势：他获得所有学位的大学是剑桥大学，全球顶尖大学之一。所以，尽管有时候最终可能没什么妨碍，但还是不提倡在同一所大学获得所有学位，这有可能对你造成阻碍。

需要注意的是这条规则通常只适用于博士生，但是最好也不要在本科学习的地方读硕士，虽然在同一所大学取得两个学位一般不会对你造成不利的影响。一定要记住，如果在同一所院校继续攻读博士学位，你可能会遇到不少麻烦。

4. 盲目追求金钱

读研时选择什么研究项目以及哪所院校，这都是重大的人生抉择，读博士研究生阶段更是如此。选择清单里备好三到五个研究项目，并且申请所有备选项目，这样做的部分原因是你可能一个项目录取都通不过。此外，研究生入学通常涉及资助问题，资助通过奖学金以及教学或研究助理（research assistant）工作获得，不同的研究生院资助也会千差万别。

决定申请哪所院校和整理申请表需要进行大量的工作，包括了解不同的研究项目并缩小选择范围，以及针对特定项目精心制作申请表。如果通过了多个项目，你便需要收集大量信息，全面了解你的选项，在做最终决定之前要听取足够的多方建议。

为适应你所申请的院校，需要量身定做硕士和博士学位申请表。招生委员会一直在寻找你的研究兴趣是否与你所申请的院系的研究兴趣有契合点。换句话说，他们要确保自己能够给予你的研究相应的支持。所以，你需要证明你是合适的人选，并针对特定院校做出深思熟虑的选择。我的研究生项目最近收到一份申请，在这份申请中，学生错把另一个学校和院系写成她一心求学的地方。该学生后来意识到了自己的错误，然后重新邮寄了一份经过更正，但几乎和上一份一模一样的陈述——她只改变了大学和研究生项目的名称。因此，我们的招生委员会对她印象不佳。显然，她对自己是否能考上我们的院系并不上心，这是我们拒绝她的申请的一个重要原因。

  在你的陈述书或申请信中，你应该点明心仪的导师，或者给出一个选择范围，以及心仪的委员会成员。找你现在的导师或导员谈谈你可能在另一所大学一起共事的人。更积极的学生会提前与心仪导师进行非正式的联系，通常是通过电子邮件的方式进行，以此来打探导师的兴趣。根据学科和大学的不同，如果博士申请人希望自己被录取，认真地去研究心仪导师可能很有必要。你应该询问一下是否能提前找到导师，或许可以联系你所申请项目的系主任。如果有教授已经答应做你的导师，那么你要在申请表中有所提及。如果方便的话，考虑一下能不能和你的心仪导师在电话里交谈一下，或者是直接约他们见面。一些教授会正式地约谈自己心仪的学生，甚至要求他们在申请程序开始之前完成测试。如果一开始他们不回复你的电子邮件，也不要气馁。很多教授被这样的询问所淹没，所以他们更愿意让研究生招生委员会来对这些申请进行梳理。

咨询你当前的教授是另一个有保障的选择，他们能告诉你如何在你所在的专业完成这些事情。相比于学生自己发邮件或者是冷不丁地打电话，如果教授发送一份邮件推荐自己很有潜力的研究生，那么大多数教授会回复得更快一些。

有时候，有的老师会在你提交申请前就同意做你的导师了，这一安排绝对提高了你被录取的概率。最好的情况是，你参加某位老师的项目，他会承诺给你研究助理的工作。这无论在经济支持上还是在专业发展上都是一个很好的机会，但它也可能有不利之处。如果你的导师一直资助你的工作，你可能只专注于一个特定的项目，而这个项目可能只局限于一个狭隘的框架内。尽管资金支持和技术培训很棒，但这样会使你在找工作时很难成为一名独立研究员。你需要仔细评估各种形式的资助对你未来就业前景的影响。也就是说，我以研究助理的身份和我的导师一起工作，而我们的合著出版物对我找到工作很有帮助。

在老师了解你之前，他们可能不情愿给你承诺；如果这样的话，你可以在申请中简单地说一下你已经和某位教师讨论过让他做导师的可能性。一定要小心，确保你还可以选择自己想要一起共事的心仪导师——研究生项目网站上的研究生教师名单可能没有更新。例如，我的研究生项目最近收到了一位学生的博士学位申请，该学生在申请中大篇幅地陈述了自己与某位教师共事的可能性，问题在于她点出的教师即将到另一所大学任教。如果我们不能找出学生的兴趣和我们在职教师之间的契合点，那么这就是拒绝她的申请的关键因素。

大多数院系会对雇用自己的研究生有强烈的偏见，至少在自己的学生刚读完博士学位就留校任教时会这样（更普遍的情况是，这些研究生先是在另一所大学获得终身聘用职位，并在那里工作一或两年，然后再回母校任教）。所以，如果你的理想工作是到某一所大学当教授，那就不要在这个学校读博。即使像牛津和剑桥这类的精英大学更喜欢出身于此类大学的学生，也必须符合这一规则。我还应该指出，计划只在某一特定大学找工作很不明智——当你真正找工作的时候，与你专业对口的工作岗位会是怎样的？你是否能够拔得头筹？一切都充满变数。相反，想要走学术职业的道路关键的一步就是要在找工作的时候广撒网，而你（和你所爱的人）要做好搬去工作地点的准备。不要觉得你是"特例"，这不适用于你。

理想情况下，你可能会获得多个诱人的硕士或博士的录取通知，这时你必须做出自己的选择。如果是这样，就要告知系主任你收到多个录取通知书，并且要特别提到哪个研究生项目提供的资金要多于其他项目。有时候，为了把其他研究生院提供的更高资助比下去，系主任可能会提高自己的资助。这可能会发生也可能不会，所以还是要问一下，但最好不要用力过猛。为了彻底调查供他们选择的院校的情况，学生有时会实地考察自己有意向的院校。有些院系甚至可能拨出资金对这样的考察予以资助，所以也要问一下这个问题，不要害怕。你也可以找机会联系教师、在读和毕业的学生，向他们讨教经验。

你必须根据自己的需求来权衡各种情况的不同因素——地点、资助、项目的优点和声誉以及未来可能教你的导师。例如，根据你的经济状况，如果其他地方会提供更多资助，那么你可能不愿意花更多的钱去你的首选学校就读。即便如此，研究生项目的品质和声誉，尤其是导师的能力，可能比资金重要得多。我之前收到了三个博士学位的录取通知，最终选择了资金最少但导师最好的一个。这就意味着拒绝了来自竞争院校的声誉卓越并且有利可图的入学奖学金，但这可能是我在职业生涯中做出的最明智的选择。在攻读博士学位的初期，我在贫困线上苦苦挣扎，但我可以和所学专业的世界级导师、专家共事，参与他的研究，并与他共同出版众多出版物，这一珍贵的机会最终远远弥补了我所遭受的经济打击。

还要考虑一下你有意向的大学和院系的声誉。在学术生涯中声誉至关重要，知名大学可以为你提供即时的合法性，让你的地位得到提升，远远超过从不知名大学毕业的学生。当然，特定院系的声誉强弱可能比相关大学的声誉更重要。不甚知名的大学和学院也可以培养出优秀的学者，但对那些从顶级大学毕业的学生来说，他们的职业道路会更加顺畅。同样，这不会是唯一的决定性因素，但你在考虑选项时都应该有所顾及。

总之，准备好投入大量的时间和心思决定去哪里申请你的研究生学位以及权衡你的选项吧。

5. 读一个没有资助的博士

如果你收到一份没有资助安排的博士录取通知书，你应该礼貌地走开。如果资助安排含混不清，则应尽可能弄清楚，以确保其是否具有实质性。许多硕士生可能会没有资助，但对于博士生来说，一般会通过奖学金、教学或者是他们导师的个人研究补助等方式得到资助。没有明确经济资助计划的录取通知可以有很多不同的解释，但所有解释都会让人大失所望。

最明显的是，缺乏资助意味着该院系不重视你。从他们的角度来看，不给你提供资助可以让他们的入学人数保持上升的优势，但这也是拿着学生做一场低风险的赌博，因为他们可能也不确定自己是不是一开始就告诉学生不给资助的问题。你肯定不想到一个被那种眼光看待的地方上学。

完全缺乏资助也可能是你的院系、大学或学科存在问题甚至危机的迹象。如果你到一个无法为最高学位努力的学生提供资助的项目或大学学习，这些经济上的限制会在你读研期间乃至在未来的工作岗位上困扰你。

缺乏资助除了可能说明你所学领域的地位或者招生委员会看你的态度之外，还意味着你在完成自己的课程和研究以及撰写论文的同时，还需要挣钱养活自己。这种极不稳定的经济情况很残酷，需要你劳心劳力，它可能会严重拖延你的毕业时间，甚至可能让你无法获得学位。

总之，没有资助通常都是非常糟糕的迹象。如果你收到一份没有资金支持的录取通知书，还是到别的地方看看吧。如果你只收到一份博士录取通知书，而且是没有资金补助的，那么你应该重新考虑自己的职业抱负。

6. 读跨学科博士

怎么寻找弥补学科之间的裂缝的好方法？读一个跨学科的博士学位。考虑到现代大学对跨学科给予了相当大的支持（起码是口头上的支持），这可能是一种挑衅性的言论。对跨学科更确切的定义应该是跨越两个或更多学科的学术工作，如结合社会学、历史和电影学的博士学位。然而，一旦你意识到跨学科博士之间也有一个关键性区别，任何争议都会烟消云散。这之间的区别就像是受历史和电影研究影响的社会学博士和没有正式学科背景的跨学科博士（一个类似"跨学科研究"的学位）之间的区别。

起初，人们将学术思想划分为不同的知识领域，如自然科学和社会科学。随着时间的推移，在这些领域发展起来的专业知识进一步划分为我们如今知道的学科，如哲学、地理学、经济学、历史学和林学。一名学者会具备一个，有时是两个，这些领域的专业知识。

除了将奖学金和研究进行分类的方法以外，学科也是大学的主要行政单位。各院系围绕学科（产科学、音乐、考古学）进行组织。最终，资金也以学科的划分而展开。教职员工在应聘时往往会受雇于某个特定专业的院系。作为一名研究生，你的专业一般也会与所在院系的专业对口。

过去几十年至今，跨学科思维的兴起让知识分类变得很随机，效果却适得其反。跨学科观点认为，知识世界不会被分割成独立的知识领域，要想对所学的知识有一个全面的了解，最好从不同的领域获得见解。康复医学专业的学生可以从社会工作领域的发展中受益，同样，计算机科学家从心理学和哲学等专业中学习了很多关于博弈的知识。作为一项知识工程，跨学科渴望打破无谓的分割知识的桎梏。虽然在实践中这样做很具挑战性——有很多学生在掌握自己丰富多样的学科之前会高举跨学科的旗帜——但跨学科思考的愿望令人钦佩，并且这一思考方式往往富有成效。

这一包容的视角吸引了一些大学授予跨学科专业学位点。这些专业的学生没有正式的院系作为大本营（或在一个院系有名义上的大本营），并且身份被认定为"跨学科学生"。他们的知识范围更加广阔，可以参加多个学科的课程，并在组建监督委员会方面拥有更大的灵活性。当他们获得学位后，他们可以说他们的专业是"跨学科研究"，或者说他们拥有"跨学科博士学位"。

而所有这一切的问题在于，如果你不将自己定位于一个独立的学术领域，那就意味着你可能会受到多次被忽视的待遇。院系会觉得跨学科学生非自己"专有",你不完全是"他们的"。这一点很重要,因为是由院系来决定谁可以获得资助,谁分配教学工作,谁能在推荐学生获得奖励方面更具发言权。院系通常会先奖励自己专有的学生。因此,跨学科学生可能会掉进组织的裂缝中。

这个问题也会延伸到就业市场。学术职位通常是院系的一部分,该学院的教职人员会一直搜寻能在他们的学科传统范围内工作的人。招聘委员会因此可能会轻松驳回跨学科博士的职位申请。我的一位获得跨学科学位的朋友在政治学系找工作时就撞到了这枚钉子。他的导师打电话给该学院的系主任,询问他的学生是否能得到这次机会。系主任直言不讳地解释道:"这是政治科学院系。招聘广告说的是需要政治学人才,而不是跨学科人才。"同样的困难也会出现在跨学科专业学生向期刊提交论文的时候。编辑和审稿人努力评估一篇论文是否对自己所在的特定领域有贡献,因此未定位于任何特定领域的论文会处于劣势。

这并不是说院系不会聘用跨学科人才。例如,许多拥有政治学学位的人会受雇于社会学系,抑或有性别学学位的人也会在许多不同的学科院系找到工作。拥有跨学科学位的学者也能在所属院系找到工作,但这一策略确实风险很大。

万幸的是,你可以从多个学科中汲取知识,并且无须把它们当作自己的正式学位。一般来说,各院系现在都允许学生修读其他学科的课程。你也可以让其他院系的导师作为你的答辩委员会成员,或者通过非正式的方式寻求他们的建议。最重要的是,没有什么能阻止你广泛阅读各个领域的书籍,也没有什么能阻止你与拥有不同学术背景的人合作。

最后说明,跨学科学位课程对本科学生或正读研的学生来说并不难。对他们来说,拥有跨学科学位亦可以解读为拥有广泛的学术研究领域和强烈的求知欲。

7. 相信宣传的毕业时间

当你入学或者考虑是否接受录取通知时,你会想知道该所学校的学制是多少年。这些信息对你管理开支尤为重要。因此,如果你能获得毕业时间的可靠信息那就再好不过了。可惜,确定准确的毕业时间很难。

大学需要缩短获取硕士学位所需要的时间,因此压力很大。各院系有时会公布学生的平均毕业时间,这些数字因大学院系的不同会有很大差别。这就是说,要用辩证的眼光去看这些数字。因此,通知里如果说"我们预计博士生在四年内完成学业"就相当于根本没告诉你到底要多久才能毕业。

此外，各院系很难保持每年在同一时间毕业，而且得出这个数字的算法并非一蹴而就。例如，有些学生原本属于"全日制"，后来改为"非全日制"，这就会延长毕业时间。一位长期攻读博士学位的学生，如果用完科研资金，可能会正式退出该项目从而不再需要交学费。这些学生将离开学校继续攻读博士，潜心写论文，然后在即将完成时申请重新入学（并支付再入院费）。院系在计算毕业时间时会将那些"非在校"的学生的情况排除在外（因为他们不是注册学生），这会让系里的数据更为好看。

最关键的应该是不要浮于表面地看待毕业时间。针对自己可能在研究生院的学习时间，你可以做一些非正式的问询。这些信息的最佳来源是教职人员和在读学生，他们对实际的时间安排有更好的理解。

另外请记住，这些毕业时间只是平均值。完成学位所需的时间可能会长于也可能会短于这一平均水平，具体情况视你的研究状况而定。比如：导师的指导水平，你的资助状况，生活中可能遇到的变化——例如疾病抑或是情感状态的变化——以及快速完成研究的动力来源。

8. 忽视大学为你提供的信息

当你开始研究生生涯，大学会为你提供海量的信息，概述校园服务以及你作为研究生的义务。它囊括学生的行为准则、学生会提供的服务清单，以及关于人力资源、残疾人服务、人权办公室、写作中心等的信息。几乎所有这些信息都能在网上找到。

考虑到你将会遇到其他很多需要面对的首要的行政和个人问题，在准备开始研究生生涯的时候，你将会遭到这些信息的轰炸，虽然有时候不是最佳时机。大多数学生往往忽略了很多此类信息。这样做可能不会直接给你造成麻烦，但是如果你对本可以享受到的服务以及你作为研究生的义务并不熟悉，假以时日，它可能会转过头狠狠地咬你一口。自称并不了解这些规则通常不会助你一臂之力。

在编写本书时，我采访了大学的几位行政人员，其中包括行政校长、副主任、伦理研究院院长，以及提供财务服务、信函服务和国际学生服务的工作人员。他们一再重申，发现自己陷入（各种）困境的学生一般都不知道规则和要求（或禁忌），没有遵循唾手可得的建议，也没有利用现有的服务，造成这种情况的原因通常是他们不知道这些服务的存在。

如果你很聪明并有足够的动力阅读本书，那么一定也要充分利用大学提供给你的信息，多浏览学校网页以及多参加一些对你开放的研讨会。这样可以为你省去未来道路上让你头痛的麻烦。到时候，你有可能发现其他研究生会把你当作寻求有用信息的源泉。

9. 不做理财计划

有些学生常常受到贫困的困扰，他们不仅要忙于完成自己的论文，同时还要努力养活自己，这种浪漫而又幽默的画面我们常常见到。这样的画面很是不幸，因为现实中无法支付租金或无力从校园食品银行（food bank）里购买到杂货的情况并没有那么迷人或有趣，而这些可能比你所想象的更容易发生。为了避免遇到经济问题，你需要从一开始就认真管理好你的资金来源。不要以为既然自己已经被录取，你就一定会获得经济上的照顾。

在被录取之后，你的院系会发给你一封信函，它会列出你将得到的经济资助条目。在某些情况下，例如某些学科或某些大学的研究生项目不会提供任何资助。对于博士学位，相应院系通常会详细地说明未来一段时间（例如三到四年）

内你将获得的最低资助总额以及资助方式——补助金、奖学金、助教等形式。

这封信函正式确定了你获得的资金，从而也是你与大学之间的合同的一部分。所以要把已经署名的复印件保存在安全的地方，以防将来产生分歧。这些信件往往还有另一层意思，即你不会无缘无故地获得该院系或大学的额外资助。不要相信你的导师或系里空口无凭地保证会帮你找到额外的资助。正如我在下文中所述，大学里可能会有多余的可用资金，但这不是你可以企及的。这一点需要引起足够的重视，因为学校通常只资助学位的前几年，如果在取得学位之前给予学生的资助已经停止——这种情况经常发生——学生就会争先恐后地赚钱来为自己在研究生院剩下的几年打下物质基础。资助信函有时还可能包含你想获得的资助所需要满足的条件，例如能申请哪些补助金或需要满足哪些规定的条件。

申请补助金以及奖学金应该是你理财计划中的一部分，这些资助可能由你的院系、大学或国家甚至国际资助机构提供。让了解这些可能性成为你的职业习惯，这可能需要你定期与研究生系主任的助理或所在大学负责奖励和奖学金的单位会面，订阅一些向学生告知资助机会的邮件。

有些研究生以自己很忙为理由从不申请奖学金，实则是他们不相信自己能够成功申请到，抑或是害怕被拒绝。即使你认为时刻盯着申请时间如远射一样漫长，也不得不说这真的很重要。未来的工作职责说明也需要撰写申请书，所以越早开始培养这一技能越好。并且写得多了，写申请书就变得越发容易。如果申请书需要陈述拟研究方向，那么你就必须投入大量的精力来使它具有竞争力，你可以在解释为何你的研究很有意义且非常重要时来做到这一点。

即使远射也是一次射击。例如，我的院系曾负责管理一个很有名（并且有利可图）的全国奖学金评比的初始申请流程。出乎我意料的是，我们系里只有一位学生申请。委员会虽然觉得这位申请者的自身条件很差，但由于这是唯一的一份申请，所以我们将其转交给了国家委员会。几个月后，好消息传来，该学生获得了奖学金。这就告诉我们要不断地申请助学金和奖学金。即使没有成功，申请过程也帮助你提高了申请书的撰写技巧。如果成功了，助学金和奖学金就犹如锦缎上的花朵，变成你简历上的一道风景线、声望的奠基物以及收入囊中的奖金。获得一项奖学金能助你赢得另一项奖学金，因为成功孕育成功。

你也可以寻找其他的研究助理的工作。教职员有时会有独立的资助金支撑他们的研究项目。到处打听一下你们系里

（或紧密相关的院系）是否有需要研究助理的老师。

你也可以在自己的大学或附近的大学和学院教书。这样的工作职位可以给你带来收入，但并不是长久之计。契约制教学往往工资低，耗时多，特别是对于一位新老师来说，它会明显减缓你修读学位课程的进度。所以，你可以因为经济原因教学，但要注意你的时间安排。

如果资金特别紧张，你可能不得不在大学之外做一些工作，动用个人积蓄或者是向别人借钱，这些情况都很糟糕；我要特别提醒你两种危险的资金来源：学生贷款和信用额度。通过这两个来源钱或许来得很快，但是后果让人生疑。请记住，银行不是你的朋友。它们的存在不是为了解决你经济困难的问题，而是为了从中获利。它们在信用额度上收取的利息很高，这意味着在一段较长的时间后，你将会花费购物初始价格好几倍的钱财。在你还未获得正式工作人员的工资之前，不要傻傻地相信你需要过上正式工作人员的生活。

国际学生可能会面临更大的经济问题，因为他们可能没有资格参加全国奖学金评比，而且需要支付更高的学费。这类学生经常试图通过一套适合单人费用的资助套餐来支持整个家庭。受签证规定的约束，国际学生也许不能到校外工作，或者他们被允许从事的工作类型和数量会受到限制。所以在申请一所国外学校时，要查明白这些重要的问题。

大多数学生会被迫比以往更切实地思考财务管理问题，这并不一定是坏事。如果你现在正在读研究生，你的年龄可能至少在二三十岁，你很有可能已经把重要的理财计划推迟足够长的时间了，现在是时候考虑一下除学位和工作之外你想要的生活了，以及你打算如何为这样的生活埋单。比如，你想毕业时没有债务缠身吗？想毕业后五年内买房子吗？想组建一个家庭吗？所有这些目标显然都与经济状况息息相关。

你可能很快就会发现，你并不像你的朋友那样有足够的资源。与其忽视这些经济问题，你最好接受节俭的研究生生活方式，"甘于简朴"的状态有其优点。确定你目前的花销以及如何降低这些花销。以我为例，我曾经计算出如果不买车，我可以节省多少汽油、停车费以及维修费用。我抵达温哥华（Vancouver）开始读博的第二天，我买了一辆非常实惠的自行车。在整个研究生学习期间，这基本上是我唯一的交通花费。无论去哪儿我都骑自行车，骑车让我身心放松，压力全无，在锻炼身体的同时还能探索美丽的城市（经常在雨中沐浴！）。

对于那些在找到工作后重返学校的人来说，削减花销尤其困难。因为经过一段时间的生活，有些物品已经成为他们生活的必需品。现在像一个研究生一样生活，未来你就不会活得像个研究生。

在计算花销时，你一定要拿出一些钱以防紧急或意外的花销。我曾经就犯过这样的错，那时我不知道我的奖学金是应纳税所得额（后来加拿大改了这条规定），这就意味着在我读博第一年结束时，我必须得凑出数千美元来纳税（还是要感谢"爸爸妈妈牌"银行！）。

你并不是第一个需要理财的研究生。学校也能为你提供相关服务，例如财政援助办公室，该办公室可以为你提供建议，帮你减少花费，甚至可以提供紧急贷款。你所在的城市也可能有你可以挖掘的资源。尽早花点时间学习关于这些服务的知识。

另外，如果你经济困难，那就一定要让人们知道你缺钱。有钱的研究生并不多，所以如果你不介意和别人说自己的情况，那就轻描淡写地指出由于某些特殊因素，你的经济状况要比一般人差，这样可能会对你有利。有可能你的导师、系主任或是其他人会给你指一条挣钱的门路。当然，如果你身边的人不知道你的经济问题，他们就不会予以帮助。

导　师

　　到目前为止，选择导师是你在研究生院做出的最重要的决定之一。很多学生选择学校的原因只是为了和某个特定的教授合作，即使其他学校能够为他们提供更多的资助。你的导师是你接受研究生教育的关键人物，他们会帮助你在读研期间提升自己，同时无论在研究生项目之内还是项目之外为你打造光明的前途。

　　完成学位课程之后，除了从导师那里要一封金灿灿的推荐信外，还要想想你还想从他那里得到些什么。不是所有的教授都是称职的导师，走在世界前沿的特定领域的研究者可能是一位冷漠甚至不作为的导师。想想你是想和一位亲密无间的导师合作，还是更喜欢被放养的状态。找理想导师的时候详细列出你需要的所有特质，但是也不要因为找不到具有所有这些特质的导师而感到惊讶。除了向完美的导师抛出橄榄枝之外，还要权衡备选导师的优点和缺点。

你必须积极维护与导师之间的关系，不然关系很有可能破裂。一些学生觉得很奇怪，为什么是他们来维持这种关系，他们认为"导师"顶着这一头衔，暗含的意思就是自己只在一旁静静地听指挥就可以了。你的导师有时会主动教你一些自己从业多年的智慧与经验，但一般都是你就广泛的问题来寻求他们的指导。

想要和你的导师以及更为广泛的委员会定期接触，沟通是关键，所以你要多提问题和预约见面。这种关系是否得以维持最终全看你自己，不要幻想不付出任何努力就可以得到自己想要的指导。

称职的导师尽是资源，可以为积极进取的研究生提供很多帮助，而不称职的导师可能会破坏你的研究生学习体验。所以选择导师要明智，并且要妥善地处理你们之间的关系。

10. 保持沉默，单独行事

在一堂首次教学研讨班课程的课上，我复印并整理了一系列文章让学生阅读。其中有份复印件可谓是一团糟：没有页码，页面缺失，段落顺序错误。文章根本读不通。

然而，直到上课那天早晨，我才发现这一错误。由于好奇学生会对此做出什么反应，我就让他们讨论这篇文章的主要论点。一阵尴尬过后，一些比较胆大的学生勇敢地尝试着说出自己的见解。我立马打断了他们，诚恳地告诉了他们我的"过错"。他们松了口气，笑着说自己早就觉得有些地方不对劲。我问他们为什么没在课前告诉我，之后的讨论让我觉得这是我在研究生课程中经历的最真诚的时刻之一。

那群学生特别坦诚又善于思考，他们说不想指出错误是因为他们也不确定它到底是不是错的。他们阅读的大部分内容对他们来说都是崭新的，一开始接触这些作品时，很多内容都难以理解。他们必须去读一些他们（最初）搞不懂的文章，所以这次"乱读"只是与之相似的经历中的一个极端例子。而另一更具说服力的原因是他们不想冒险，让别人看到自己的无知。之所以会这样，可能是由于他们的能力有限，难以理解复杂的学术著作，从而让他们觉得尴尬不已。因此，他们始终信奉着一句古话：与其张嘴消除所有疑虑，不如闭嘴当一个傻瓜。

那节课的主题就是"害怕表现无知"。无论哪里的人都不愿意让自己看起来愚蠢，而研究生院的学生更是害怕自己会表现不佳。这种情况在一年级学生中表现得尤为突出，他们身边围绕着教授（或是同学），这些教授深谙新生还未探知的领域，没有人想表现得比那些引人注目的人差，无论是在能力方面还是在智力方面。（尽管一年级硕士生可能没有意识到同他们一起上研讨班的同学其实是博士生，同样没有意识到新硕士生还不需要达到博士水平。）

因此，他们倾向于选择沉默而非提出问题是情有可原的，而且在一种情况下这么做还是对的。那就是如果你明智的话，就不要提出自己可以轻易解决的问题，比如读完本周的指定材料就能解决的提问，又比如关于院系和教师的大量信息在大学网站上就可以找到。但是如果你将沉默作为自己的一贯策略，认为自己可以独自搞懂研究生院的所有问题，你便很有可能造成诸多误解，甚至犯下本可以避免的错误。

研究生院的日常生活与习惯对你来说大都是新鲜事，正如他们曾经对几乎所有学长来说也是新鲜事一样。作为一名新研究生，你会经历一种文化冲击，这个过程就和你从高中过渡到大学的过程类似，因为你身处一个有着崭新规则的世界。在本科阶段上大课时，你经常连自己的同学都不认识，而在这里大课变成了小课，小到你会非常了解同级的所有同学，小到教授都会知道你的名字。没有人生来就知道如何整合申请书，管理研讨会，抑或召集论文委员会。你可以在一定程度上有意识地去学习或者从书本中寻求指导，比如说这本书。但是这些方法只能帮你解决有限的问题，因为它们无法解决你的具体问题。为了生存和发展，你必须接受需要他人帮助的事实。所以，试着提问题吧，大多数人都会愿意帮助你的。

熟悉你的院系和可用的资源，找出哪些人能够帮助你。系主任明显是你的首选人物，他的工作就是指导你，所以好好利用这一资源吧。另一个重要的信息来源就是所有教你的讲师。进入课堂是为了学习，并不是因为你已经成了这一领域的专家，所有人都知道你什么都不懂。如果遇到一些特别严重的问题，系主任也能够帮助你。在财务处办公室的工作人员可以为你提供大量关于资金问题的建议。服务体系（医务室和心理咨询室）也能帮你解决任何可能出现的身体以及心理问题。保存这些人的联系方式，不要羞于向他们提问题。也要学聪明一点，带着你的问题去找能帮你解决问题的人。不要问教授如何计算钱财，也不要问行政人员关于本学科的学术问题所需要的知识。

你的导师尤其重要，他是给你的研究生生涯掌舵的关键人物。我频繁地提及你的导师是因为他才是你应该经常寻求建议的人，他可以为你提供如何进步的建议。不幸的是，研究生可能会害怕向他们的导师提太多的问题，原因刚刚讲过，就是害怕让自己看起来很蠢，抑或是他们不想当别人讨厌的害虫。然而，请记住，导师早就清楚你不会什么事都知道，他们答应做你的项目导师的时候就已经默认自己会帮你了。如果你还是担心自己会打扰到他们，那就一次性把多个问题都解决掉，而不是一有了新问题就火急火燎地发邮件。一口气解决你的所有问题会更容易一些。

最后，善于利用其他研究生了解的知识。没有学生能了解研究生院的所有事。刚读研的时候，几乎每个人都会和你一样焦虑。问问别人是怎么应付的，问问研二的学生，他们已经安全度过第一年，他们经历过诸多你目前正在经历的东西，这让他们的建议更具有实际意义，而且他们通常都很乐意分享这些经验。

11. 选择看上去最酷的导师

几年前，我私下找一名研究生聊天并且建议她另选博士生导师。我微妙但又清楚地指出她现在的导师以前不但很少和学生联系，而且还惹恼过很多院系的同事。这位学生蒙了。尽管有这些担忧，她的导师对她而言还是很有吸引力，曾经在知名期刊上发表过文章，并且研究领域与她的研究兴趣很接近。最后，她用掷骰子的方式决定自己还是要坚持这段师生关系。三年后，这名学生坐在我的办公室，身心俱疲。她的导师不回邮件也不接电话，只是无休止地在她的论文草稿上评头论足。她的导师根本没有负起作为导师的责任，她能否毕业都难说，所以她需要尽快找到一位新导师。

没选好导师是你在研究生阶段可能犯的重大失误之一。碰到这个雷区也很常见。如果你选择导师只是因为其某一方面过人的因素，比如对人很有风度，或者为人和善，抑或是名气很大，那么你就有可能选到一位不好的导师。

你的导师会将你收入她的羽翼之下，指导你顺利读完研究生，幸运的话，还会在你开始职业生涯的时候帮你一把。学术界经常根据导师的声誉来评估学生和新教师。塑造一份个人档案可能需要几年的时间，有些人在评价你时会一直追溯到你的导师是谁。选择导师可以说是你在研究生阶段最重要的决定，甚至可能比你研究的课题还重要。

所以要慎重，不要让某一个因素过多地左右你的决定。问问别人：你的预选导师是否是个可靠的选择？她的学生能否在合理的时间范围内完成学业？她是否曾在知名期刊上发表过高质量的作品？她有没有带学生发表文章的记录？她是否和她的学生共同撰写过文章？这位导师是否有太多其他工作而应接不暇，所以难以提供你想要的指导方式？她是否有稳定的研究经费？她以前的学生最后都从事什么工作？这位导师是否在她所在的学术界潜心地研究？除此之外，还要考虑一下预选导师的性格。和其他任何单位一样，大学里的老师也会不合群或者经常跳槽，因此你要明白导师也是人。同事们觉得她是否容易相处？这个问题很重要，因为你的导师需要处理好与其他委员会成员的关系。以上需要你尽可能地广泛咨询。能否过好日子的影响因素千千万，所以在将自己的专业生涯与一个人紧密联系在一起之前，要权衡尽可能多的因素。

这对硕士生也很适用，而博士生选择导师会有更大的风险，后者的选择会对自己产生不可估量的影响。

合适的导师会对你有很大帮助，这无疑会是影响你选择哪个博士项目的重要因素。潜心于某一领域的博士生一般会选择特定的学位课程，尤其是有某一位教授的课程。这种方法再好不过，因为它已经考虑到你的导师会是你研究生学习体验的关键，但这仍然需要你做好功课。如果不是在原来的大学申请博士学位，那么选择导师可能会尤其困难。我有一位朋友不远万里去和两位杰出的理论家在同一所学院工作。

当他到了那里时，他发现自己和他们根本说不上话。所以，如果你想到某个地方和某位导师合作，一定要提前与她联系，确保自己真能得到她的帮助，同时确保她正在接收新的研究生——有时受欢迎的教授带学生会有人数限制，以防他们撒的网太大收不回来。如果你一心向往的导师大家都认为很优秀，那么很可能其他学生也想和她共事。如果你要去一所大学主要是为了和那个人共事，一定要确保她真的会和你合作。

不可否认，在千里之外选择导师意味着你的信息会很有限。你可能只能了解某位导师的研究概况，但是很难评估一系列人际因素。再次强调，这就是说你应该广泛咨询，努力得到此人作为学者、导师以及社会人时的详细信息和整体感觉。这一过程也包括从你的本科课程的教授那里收集信息。

有时，系里会为新生们分配一名导师，所以要和系主任查明是否已经分配导师。有时候分配给你的人可能会成为你的学位导师。这一安排大多数时候和我们系一样，只是一个临时安排，在你选择自己的导师之前，这一导师只是临时联络人。临时导师可能会成为你真正的导师，但也不一定。

12. 拥有合作导师

寻找导师的过程可能会很艰难，涉及的选择过程可以用折磨来形容。你可能会觉得无法在两个人之间做出选择，这时你会想到合作导师制可以解决这一难题，并认为这个方式真是两全其美。我提醒你，还是不要有两位导师的好。

只有迫不得已时才会采用合作导师制。比如，你可能想让一位优秀的新晋讲师做你的导师，但你所在的大学可能不允许未获得终身教职的讲师独立带学生，即使高级讲师可能在实践中给予他们支持。如果某一位导师在学生读研期间某个时间点难以给予学生支持，有可能出于医疗原因抑或是因为轮休假，这时候合作导师制就会派上用场。

虽然有时候合作导师制很有用，但总的来说还是尽量避免采用这一方法。其中会产生的一个问题就是，由于两位教授共同分担责任，所以关键时刻可能谁都不会出手帮你。简而言之，名义上你有两位导师，实际上没有导师。而且，合作导师制可能会让你走更多的程序，徒增不必要的模糊地带和麻烦。你的导师应该发挥带头作用，指导你的论文并帮你搞定委员会。如果委员会在某些方面不甚满意，她应该拿得起大头。有两位导师，你可能会得到更多的信息。除非两人的工作关系不错,不然教授们通常不会一起带学生。因为这样很有可能产生冲突,这些冲突有可能会出现在你的论文方向上,抑或是他们之间的问题或者关系不好让你无辜受到牵连。有些教授会尽可能不做合作导师,他们更喜欢做独立的导师,以此树立榜样。

如果你在实验室从事科学工作,你还可能会为两个实验室的资源安排犯难。

约两位导师一起见面要比只约一位导师复杂得多。首先有个因素你就不能视而不见:有些教授会很忙,约她可能会特别困难。单独和任意一位合作导师见面还会产生另一个问题——所有人的步调难以一致。一些教授喜欢一次性与所有研究生见面,合作导师制再次让这个情况变得更为复杂。当只有一位导师时,你碰到她,可以自然而然地针对自己的工作与导师展开重要的讨论;而有两位导师的话,很难随时告知另一位导师你与这位导师讨论的情况。

有两位导师面临的另一个挑战是,在每个阶段你都需要等到两位导师的批准才能进入下一阶段。作为研究生导师,我曾看过很多综合性论文的草稿和论文初稿,学生不断修改论文,随后由我决定他们何时可以交给委员会其他成员。如果学生需要由两位导师审核并批准他们的论文,那么每个阶段的周期就会延长,这一过程也会停滞不前。

总之,合作导师制有很多缺陷。虽然难以抉择,但还是选择一位导师吧。另一位老师在你的论文委员会里仍然可以帮助到你。

13. 不清楚导师(或你自己)的期望

和所有复杂又重要的关系一样,你和导师之间的关系可能会具有高度的隐私性,并且非常特殊,这可能会不断地引起紧张和误解。如果你受雇于你的导师,那么你们的关系更是如此,因为这时候她会从她自己的研究经费里拨给你奖学金。在这种情况下,学生一般把得到的资金看作帮自己支付账单的奖学金;而负责实验室或研究项目的导师更愿意把这一安排看作一种雇佣合同,在这一合同里,研究生会在合作项目中得到薪资。问题由此产生,例如,你的导师期待你每周特定的时间在她的项目上工作,或者每天都要在实验室工作,但没有把这些期待清楚地告诉你。为了不让误解的脓疮溃烂于双方的内心,刚开始读研的时候,你就要和你的导师谈谈,了解他们的期望。

讨论时,一定要问明白你的导师对你的期望。解决重要的潜在冲突来源，特别是解决关于资金的所有问题，或者是关于如何衡量你在合作项目中的付出，比如合著权限的分配。如果你们在一个可能有知识产权分配这一潜在问题的领域工作，你们应该商量好你参与的研究项目成果的所有权，是单独所有，还是共同享有。为了防止以后出现误会，以书面的形式进行协议是很明智的方法。这种冲突几乎可以发生在所有领域：数据、计算机程序、心理咨询干预以及合著手稿的所有权。为了撰写本书，我采访了一位副院长，她回忆说，曾有一名学生和她的导师因为谁应该拥有一本昆虫合集的著作权产生冲突并且陷入僵局，最后不得不由她出面亲自解决这些问题。

　　同样，想想你想从导师那里得到什么，并且向她描述你希望从你们的关系中得到什么。随着学位课程的进展，你期望从你的导师那里得到多少帮助和什么样的帮助，你们是否对你的毕业时间有相同的预期，你们多久见一次面，以前的监管关系如何运作。如果你预选的导师不愿意或不能给你所需要的东西，最好尽早地发现这一问题。你需要的指导和你的期望可能会随着学位课程的进展不断变化，因此要大胆地与你的导师重新审视这些问题。

　　这种坦诚的谈论对于各方都很重要，对于有着不同文化背景的学生来说，这些讨论尤为重要，因为在不同的文化传统中，师生关系也会有所不同。

14. 不见导师和委员会

如果你发现自己在读研时无论什么时候都躲避自己的导师或委员会成员，抑或是没有及时地回应他们与你的沟通，那么有些事已经严重偏离轨道了。定期和你的导师和委员会成员正式会面以及与他们进行非正式的聊天可以使你进步，助你以学者和研究人员的身份成长。

相比于委员会其他成员，你与导师的见面会更频繁。我建议每月至少与导师会面一次，在读研的关键时间段会面要更频繁一些，比如在论文开题或围绕论文主题展开实际内容时。你与你的整个论文委员会见面相对较少，所以最好让你的委员会成员随时了解你的进展。这通常可以通过定期的邮件更新、视频会议或走廊里简短的聊天实现。如果偶遇导师，并与他随意聊五到十分钟，你可能会惊讶于这样一个简短的即兴会谈为你解决了很多问题。

有时候学生会害怕他们的导师和委员会成员，所以随意而又舒服地和他们聊上几句很重要，你在不同环境中与他们交谈的时间越多越好。与导师非正式的交谈会让你学到大量知识，所以一定要充分利用这些机会。

一开始躲避导师时，那些在截止日期前挣扎的研究生就很清楚自己在做什么，他们甚至会拿躲避导师或委员会的经历作为谈资笑话。如果遇上很忙的导师和委员会成员，这种情况会变得更加复杂，他们可能因为忙于更加紧迫的事项而乐意放任你的论文不管。这种"双方视而不见的模式"让师生关系变得反常，最后会不利于你的工作和进步。促进学业发展是你的责任，与你的导师和委员会保持定期联系也是其中一环。如果深受困扰，就和你的导师和委员会成员谈谈，讨论一下论文的内容与写作进展。这个时候，你应当尽可能多地和他们交谈而非躲避他们。制定一份你想在会议上讨论的项目的议题。会谈之后，要向所有参与者发送电子邮件，概述你们所讨论的内容以及达成的所有决定。这样做可以提高与委员会交谈的时间效率，有利于讨论和期望持续展开，并且能够减少潜在的误解。这个过程可能正是你想要的，它可以帮助你度过困境。对于工作繁忙的老师，会议的电子版记录可以帮助他们日后记起你干过什么事儿。

一些学生因为犯了更糟糕的错误而苦苦挣扎，例如忽略来自导师或委员会成员的电子邮件，或者长时间没有回复他们，还有可能是没出席预约的会议或者在会议开始前一秒爽约。这些错误都非常糟糕。你所做的不过是在推迟或逃避挑战，这些事可能会让那些不久后将为你写推荐信的人对你印象不佳。你甚至可能让导师和委员会成员考虑结束这样的师生关系。如果你正在苦苦挣扎，还是对导师坦诚一些为妙，这样你很可能会得到他们宝贵的支持和指导。即使你孤身航行，定期的联系也很重要，它甚至可能会在不知不觉中拓宽你的工作范围。

15. 陷入糟糕的师生关系

出于任何个人或工作原因，学生和导师之间的关系可能会很错乱或者完全破裂。如果你也怀疑你们的关系临近破裂，那么就要明白换导师不失为一个办法，但是风险很高。

在考虑换导师时，你需要权衡很多复杂的因素，包括你的研究兴趣、你目前所处的课程学习阶段，以及你与导师的研究项目联系的紧密程度。有时候，改变可能是正确的做法，但是换回目前的状况也可能是你未来能想到的最好的做法。

如果从事实验室科学研究，那么放弃原导师会有更为严重的风险。如果你的导师招你参与某个项目，并用她的资金给予你资助，而你决定这么做，她可能会很愤怒和失望。如果你推迟毕业，而且你的研究所需要的设备或数据实际上来源于导师，那么换导师的做法就显得尤为冒险，你可能发现自己必须完全改变研究领域。同样，如果你得到的资助依附于你现任导师的研究项目，那么你必须要考虑一下换导师会给你的经济状况带来什么后果。最后一点，如果你与导师终止师生关系，那么她可能将你剔除在项目之外，与此同时，你根本找不到其他去处。所以断绝师生关系要慎重。不过，如果你的研究兴趣逐渐向另一位教授的研究方向倾斜，她更适合做你的导师并且愿意为你提供足够的资金支持，那么换导师可能是个明智之举。

在人文和社会科学领域，换导师的过程依然很微妙，但所承担的风险没有自然科学那样高。你可能会发现和你共事的导师在你所在的领域并非专家，因此当你需要她写支持你的研究项目的信时，她的话语就会不具有说服力，但至少你还可以找到心甘情愿的人带你并指导你的项目，前提是你与学院的关系不错并且口碑也不赖。如果你已经和导师分道扬镳，一定不要背后诋毁她，不然你系里的人可能会认为你很难相处并且态度消极。

16. 指望别人手把手地帮你

今年，我们学院的高年级博士生杰拉德（Gerard）将要步入职场，因此他的第二语言必须达到要求。尽管这个规则在他读博的六年里早已开始实施，但显然他从未听说过这项规定，而大多数学生在读研的前两年就已经完成了这一指标。因为忽略了这一点，所以他害怕自己可能不得不推迟将近一年的时间来完成本身并不难完成的任务。

作为一名研究生，你应该对自己的课程负责。虽然你可以从导师以及系主任抑或是她的助理那里寻求指导，但是你才是那个掌控你整个学位生活的人。没有人会——当然你的导师也不会——专门提醒你，类似你必须在某日之前完成哪些课程、填写哪些表格这样的事。有些学位课程很复杂，有些课程计划必须在你履行某些义务之后才能实施，所以你需要按部就班地完成这些事情。

你也是亲手铺垫自己学术道路的人。一名研究生应该是一位含苞待放的研究员、学者和专家。这意味着你需要自己追求自己的研究兴趣，开展自己的专业实践活动。不要指望你的导师或其他任何人手把手地帮你，告诉你要读什么书，订阅什么期刊，哪些研究项目有前景，哪些研究值得探求合作，参加什么会议，申请哪些助学金，等等。他人可能愿意给你一定的指导，但这些建议仅代表你在个人专业实践方面所需要做的一小部分工作，大部分工作还需要你自己搞定。

就你个人而言，如果采取主动寻求指导的方式会冒犯导师，那么这位"伟大的学者"偶尔会屈尊为你的学术生涯提供一些指导，但你可能还是不谙自己需要为学术发展担负的责任。

如果你的论文是你导师数据库的一个分支或者是一场大型并且长期进行的实验的组成部分，那么你受到的约束可能会更多一点。在这些情况下，你可能没那么大的余地来开拓与他人不同的研究领域，至少在最初阶段是这样。尽管如此，你仍需要产出其他学术和专业成果。

你可以寻求有关学位课程和学术发展的指导，但不要指望别人主动告诉你下一步该做什么。

研究生项目管理

　　研究生课程代表了你必须清除的若干障碍。根据你的学位和课程，这些障碍可能包括为你的研究取得道德准许、通过候选人答辩或者参加综合性考试。

　　虽然练习可能不会让你完美地完成任务，但确实可以让这一过程更轻松，并且能减少你的压力。研究生经常需要应付他们之前从未做过的活动。为了弥补缺乏经验这一点，你需要自己做好研究，以此达到完成学位所需的要求，并且应该是以自己最好的表现来达到这些要求。供你使用的资源不仅包括你的导师，还包括很多其他人，比如教授、研究生和行政助理。书籍和博客也能提供洞见。一定要挖掘所有这些资源，并制定行动方案，而不是漫不经心地投入到你需要完成的任务当中。

　　虽然官方学位的要求已经很明确，但你会发现你还应该做一些其他的事，即使它们并非官方要求。这是研究生院里相当关键的事实：最重要的事情、活动和成就将决定你以后是否能够去你想去的地方，而所有这一切并不是只完成你的学位要求那么简单。例如，你可以在没有任何出版物或教学经验的情况下获得博士学位，但如果你希望有机会得到一份学术工作，却认识不到这需要一点教学实践经验——更为重要的是发表文章——那你便有着短浅的目光。除了达到官方的学位要求，你还需要知道哪些是应该在读研期间完成的目标，并加以实现。

大学里的机会数不胜数，研究生可以借此参与专业培训、委员会工作等。考虑一下你想参加的活动类型，它不仅可以给你自我满足感，还可以促进你的职业发展。作为一名博士生，这些经历将会美化你的简历，并且最终能让你在招聘委员会中更具竞争力。

这是你在读研，你种下什么种子就会收获什么果实。那些知道自己方向的积极行动者有更多的机会一步一步地实现自己的目标。

17. 只关心你的论文

人们很容易认为研究生院主要就是写论文的地方。这种专注于完成论文（在合理的时间内）的做法可能会促使人们错误地认为它是研究生院唯一的重要组成部分。自相矛盾的是，这种态度可能是你搞砸研究生生涯的一种方式。

在研究生阶段，你学着如何成为一名研究员和学者。想成为这样的人不仅仅是简单地开展一场大型研究项目就可以实现的。教授还需要教学、编辑期刊、参加会议、审阅手稿、指导学生、组织研讨会、管理学院和大学的不同事务等。

研究生院可以慢慢地让你了解到这些任务的细微差别。虽然你的首要任务是发表论文，提高论文写作水平，还要塑造你的简历，但在日常工作中，你还是有足够的时间参与其他项目。不这样做意味着你错过了成为一名全能学者的机会，因此会是一个极大的错误。更多地接触不同的活动可以帮助你在就业市场中脱颖而出，因为你参与的令人印象深刻的学术活动的数量和范围表明你可以完成这项工作。

硕士研究生可能不了解研究生院这一新世界与他们的本科生活如何不同，为什么现在在课外花时间去了解学院里的新研究生同学以及参加学院活动那么重要。

学术导师制模式的一个吸引人的方面就是你可以参与各种各样的活动。例如，你可能会发现系里正在修改研究生课程或举办会议。如果可能的话，参与进去。这种经历不仅可以让你结交新朋友，学到不少干货，还会给你在新社会关系和机遇方面带来意想不到的好处。

抓住现成的机会，不要害怕冒一些风险，大胆提出自己的想法。许多研究生主持过会议，创建过智囊团，为演说嘉宾做引言，开发过主题博客，成立过学生协会，开办过教学研讨会，并且创办过杂志。这些活动可能会消耗很多时间，因此不要一个人承担所有这些风险；但如果你认为成立某项新事物很值得做，那就不要羞于提出这一想法。在学院学习期间，你会越来越多地参与到这样的工作中，这可以帮助你提前了解这些事务的来龙去脉。可以料想到，如果你之前从未做过这样的事情，就不会知道该从哪里下手。那么你就是在挑战自我，学习新的技能。询问身边的人，你可能会得到学生、老师和行政人员的支持和建议。这样的活动既有激励作用，又可以给你带来回报。你可以以此树立起自己很有能力的声誉，得到一份有力的推荐信，从而帮你得到奖学金或工作机会。

很多研究生院都有研究生协会，你也应该找到一种方式助自己一臂之力。这些团体可以帮你解决问题或塑造你的研究项目的未来。这也是交朋友的一种方式，有时候这可能是你最主要的交友方式，因为很多研究生都是初次来到这个城市学习，对其很陌生。小一点的研究项目发展团体意识就会难一点。当你从上课再到单独进行综合考试和写论文，当同学们开始找工作、做研究，抑或是闭关为最后的论文放手一搏，这种孤立感就会变得更加复杂。学生会能介绍你认识具有相似经历的人，帮你脱离不健康的隐世生活。等到毕业，你会发现这些人会成为你的同行，未来几年你们还会相互来往。

虽然参与学院的组织活动有很多好处，但请记住，这样可能会让你不知不觉地偏离轨道，拖延自己的学业。不要在这上面付出过多的时间，从而忽略了自己的主要工作，写论文和提高自己的论文水平才是重中之重。明智地分配时间，也要为论文以外的学术活动留出时间。

18. 期待完美地通过综合考试

综合性考试并不可怕，但如果你放任不管，它们就有可能成为你的噩梦。

大部分北美的博士项目都有初级或综合考试（也以竞选或博士生入学考试著称），这也是学位要求的一部分。这些考试一般在你上课和写毕业论文之间的时间里完成，采取的形式也大有不同，取决于具体的博士项目，通常都包括笔试或口试，抑或是两者兼而有之。通过咨询你的导师和委员会，你可能需要在你选择的专业领域里进行两到三门竞选。例如，我们学院要求学生完成两场竞选。每场竞选通常都需要在某一专业领域完成笔试。等你的委员会成员阅读并评估完你的论文，他们就会安排你进行答辩。答辩时间通常是一个小时。在专业领域进行随堂考试或者家庭作业式考试在其他学院也很常见，有时（但并非总是）还会先进行口试再进行笔试。作为竞赛过程的一部分，你通常必须证明自己精于某一特定文献，具体文献可以由学院指定或者与委员会协商。

有时，学院竞选的截止日期是固定的。比如，预先指定某一个星期让你完成选定领域的笔试和口试。也有其他情况，你可以根据自己的进展进行竞选，截止日期可以选一个你、导师和委员会都满意的时间。有时候博士生会在竞选阶段遇到瓶颈，如果竞选没有固定的截止日期更会这样。研究生的部分问题往往缘于本身想成为完美主义者，如果没有固定的截止日期，竞选过程可能就会像皮筋一样越拉越长，因为总会有没看完的书和文章，或者总想在论文里再加一条理论。

到达学术生涯的这一阶段，博士生们往往已经拼尽全力做学术，他们可能把情感完全付诸学术这一主流活动当中。然而在竞选时，其实"足够好"地分配时间可能更有意义，这样你才能有足够的精力确保得到奖学金和发表文章。在竞选中的表现在实用性这条道路上并不重要。伍迪·艾伦（Woody Allen）曾经说过，80%的生命就是在抛头露面。竞选只是这80%的一部分。最重要的是要像伍迪说的那样去做：抛头露面。不要为了准备竞选消失一年——这可能会使你难以找回自我。与你的委员会成员确定时间表，并把这些计划以书面的形式记下来。将时间表上的工作尽可能做到最好，保持前行的步伐。

还要明白，虽然综合性考试看似是一种负担，实际上它们是一个不可多得的特权。它们给予你很好的机会，让你在自己的领域中进行阅读和反思。随着慢慢展开的学术生涯，你会越来越难抽出时间阅读新文献，所以要充分利用好这些时间，它们会把你塑造成一名学者和研究员。

为想象中的恐怖审讯而恐惧也会为过度的完美主义添油加醋。如果你的导师很少或者根本没有指导你应该知道的东西，这可能会变得更加棘手。我有一位研究自然科学的同事，她的导师告诉她为了竞选要"学习一下生物学"。这是一个非常模糊的计划,相当于导师没有给她关于如何着手的有意义的指导。尽管偶尔会听说考试及其可怕的恐怖故事,但只要你准备充分,绝大多数竞选过程都会很平顺。

当你修完所有课程时,你可能想要恢复一点工作与生活的平衡,然而很难重新投入工作。鉴于竞选的独特性质,你也可能会感到厌倦,这也可能导致你沉沦。你的导师(在较少的程度上是你的委员会)可能会给你一个框架,并确定固定的期限,但这是他们个人风格的问题。一些导师,尤其是很忙的导师,可能就是喜欢放养的方式:完全专注于其他事务,他们开心地等待着你去找他们。这也很容易让人犯拖延症或成为完美主义者。

与导师和委员会一起协商确定固定的截止日期,帮助你给完美主义和拖延症套上缰绳。准备竞选的关键就是搞定它们,让它们不再碍事儿。

19. 选题完全出于战略原因

我发现,很多研究生发表的会议演讲都很空洞、无聊。我问这些学生他们为什么选定这一主题时,有些人说是他们的博士生导师给了他们一组数据让他们分析；其他人则表示，他们认为这类研究更容易在核心期刊上发表，或者资助机构看重这些选题或方法论。

在选题时，这些合理因素确实需要纳入考虑范围之内，但是如果你想过一个相当乏味的职业生涯，那就把这些因素当作你论文选题（这也可能和选导师息息相关）的唯一因素吧。如果不想这样，那就找一个你认为本身就很有趣或者引人入胜的主题。

虽然当教授的薪水可能不值得你在学校花费这么多时间，但学术工作确实有一些显著的好处。其中一个很大的好处，或者说教授职业之所以与众不同，是因为它能够让你自己选择自己的事业。这是一种福利，所以好好享用吧。生活会变得轻松很多，因为从床上睁眼的那一刻，你所想的是一些令你兴奋的事。既不要忘掉考虑这些基本要素（例如：研究莎士比亚的专家好不好就业？），也不要怯于追求自己心中的那份激情。

这并不是说你应该研究一个耸人听闻的选题，比如穿着异性服装的恐怖分子。也许你热衷于更为平凡的东西，比如气候对北极狐栖息地变化的影响。如果你对这个选题充满激情，那么你的研究热情就极有可能让你的研究在方方面面释放可能性。在这个过程中,你会启迪很多同事并让学生改选你的主题。

在一些学科中,你付出激情的研究项目可能会以不同的方式在让世界变得更美好。如果你的研究具有一些非常明显的社会价值,那么它不仅可以为你的工作美言,还可以成为你的巨大动力。

在最繁荣的时代写论文是一项长期而富有挑战性的任务,如果你觉得自己的选题很迷人,那么写这篇论文就会容易得多。有几次,我曾经向学生们指出,虽然他们正在就一个主题谈论写作,但他们真正的激情似乎并不在这上面,所以我鼓励他们换选题。我曾经督促过一个深深迷恋于综合格斗术的学生,把他的社会学博士论文换成对这项运动的研究。正如这个例子所表明的,你对自己热衷的主题可能早已付出心血,并且已经对其有了深刻的认识,它为你指明了很有研究价值的方向。

对早期的学术生涯而言,你的论文不仅仅指你写的东西,还是你身份的部分象征。多年后,有些人将会认识你,知道你是那个写"防止核扩散"或者"家燕的飞行速度"的论文的人。你的早期出版物很可能在这一领域,你肯定也会在招聘委员会面前介绍你的论文(也称为求职演讲)。你的主题也有益于帮人们确定你应该在什么学科工作，你可以填补学院职位的哪个空缺。随着大众触及到你的出版物——这可能需要数年时间——你会受到会议邀请，重新讨论该主题，抑或是会有出版社向你约稿。所以，最好是在写论文时，你不会发现你难以忍受自己的选题。

人类有能力对最初显得无趣的问题产生兴趣。幸运的话，一开始看似枯燥的主题也可能在你身上大放光彩。但为何要冒这个风险呢？只要你对这一选题感兴趣，并且重要到你可以向别人推销，那么从一开始就选这个主题吧！

20. 要么不教课，要么教一大堆课

教学将是你未来学术生涯的很大一部分内容。你找到工作的原因在很大程度上要看你的研究成果，尤其是你的出版记录。你需要仔细考虑如何在求职时展现自己当大学老师的潜质，你将如何应付早期教学经历带来的挑战。教学经历可能会让你兴奋而且有回报，但有时很伤脑筋，更不用说耗费时间了。

我最近在一个招聘委员会工作。我们面试的候选人中有一位已经读完博士的人，她拥有出色的出版记录，但她没有

大学教学经验或培训经历，在她的申请中也几乎没有提到教学。当被问及教学计划时，这位面试者只是简单地把她在某些领域的专业知识当作她可以教授的领域。她显然从没考虑过教学过程以及如何能在课堂上实现这一过程。这是她致命的缺陷，最终我们把这份工作给了别人。

虽然我应该小心谨慎，在招聘终身教职工的时候不能夸大教学的重要性，因为研究工作显然更加重要，但是招聘委员会肯定会考虑教学。如果你有证据可以表明你已经准备好成为一名大学教师，如果曾经教过一门或两门课程，并且你最初的上课体验都很不错，学生们对你有积极的评价，并且将之展现在求职信当中，那么会更有机会得到这份工作。

在研究生阶段教学，让你有机会发现你是否真的喜欢做这些除学术工作之外的工作。教学以及与学生交流可能成为你工作最好的内在奖励，相反，如果上课体验不佳，那么这可能会让你情绪低落，并牵连你的其他工作内容。虽然有些本科生可能表现得无动于衷、装腔作势或者难以管控，但是还有很多学生为人热情、富有理想并且热衷于学习。如果你以这种积极的方式想学生而不是加以抱怨，那么你的大学任教经历会更加美好，那些经常抱怨的教师往往教学枯燥无味、学生课堂体验很差。

教第一节课会非常耗时：学习新技能很困难，并且你会惊奇地发现准备一节课需要花费几个小时的时间。你的第一门课程将是最难的，最好的情况就是在开始终身教学之前你已经有了这样的经验。在教第一节课时，请一位富有经验并且备受尊敬的老师监课是学习教学的好方法。你也可以从学生那里得到非官方的反馈并随时调整你的教学方式，而不是在课程结束之后等待官方评估，因为这时想改正为时已晚。得到翔实又客观公正的反馈的好方法是让学生说出他们喜欢的两点以及他们想改变的其他两点。如果你在期中做这件事，你将有机会与学生讨论这些反馈的结果，并强调你做出的回应、所做的改变。有些研究生担心这种非官方的评估看起来不专业，相反，班上的本科生可能对这一评估反应积极，因为这表示你关心他们的课程和体验。

虽然提前有教学经验很好，但研究生时期在教学上花费太多的时间也会产生负面影响。塑造一份简历需要很长时间，教学经验足但出版物少不利于你获得终身教职，尽管还是有可能获得这一机会。短期合同下的教学待遇很差，特别是相对于花费的时间和精力而言。那些忙于教学挣钱的学生在写论文过程中常常自顾不暇，进展很慢，需要多花几年时间才能写完论文，更别说有时间做一些获得终身教职工作所必需的出版工作了。即使他们能够写完论文并且打造出最适合某一职位的简历，他们也可能会发现自己已经脱离主流。在这方面，各学院可能会发现自己在制造利益冲突，他们想让博士生尽早毕业，但他们又经常需要博士生教很多大课，这可能会减缓博士生在学业上的进步。

我的建议是研究生应该有一些教学经验，但不用太多。我告诉我的博士生在读博期间最多教两门3学分的课程。一位阅读本书草稿的教授强烈反对这一点，认为大量不同的教学经验能让人在招聘委员会中更抢手。尽管我热爱教学并且乐于看到博士生热衷于教学，但对于学术工作市场而言，发表文章更为重要。如果你觉得自己喜欢教学，那么可以考虑将你的求职重点放在更看重教学而不是研究的大学，或者可以永久提供只需要教学的职位的学院。此外，请注意最近有些大学开设了大量教学优先和教学专职的职位。

21. 不寻求教学指导

在安德烈（Andre）读博的第四年，他终于有机会在本专业教一门三年制的本科课程。他害怕极了。如果他在课堂上冷场怎么办？如果他遗漏掉一些重要的材料怎么办？如果有学生问他无法回答的问题怎么办？安德烈的解决方案就是倾尽所有睁眼的时间把他要讲的课程内容逐字逐句地写出来，还为可能提出并且必须回答的问题做了一个长长的备忘录，而他的论文工作就像他的生活一样停滞不前。开始上课了，安德烈每个星期都在整堂课上紧张地阅读他的笔记。当他把目光从笔记转向学生时，他不禁看到学生看起来很无聊，注意力也不集中。出勤率开始下降，学生会提前离开。但他知道至少他讲的就是这些材料，而且还没有人在问问题时难倒过他。但在某个星期的课间休息时，他无意中听到他的一个学生打电话告诉别人这节课非常无聊，相比之下，他排队三个小时都比上这节课兴奋。

安德烈典型地搞砸了"研究生当新老师"的经历：在防御模式下教学，所有新老师关心的就是确保涵盖"正确"的内容，而不在乎学生对课程材料有没有兴趣。这位以及其他很多新老师可以通过一些课堂教学训练来避免这类烦恼。

在大学教学时尽可能参加你能参加的各式各样的培训，最好在教第一门课程之前就这样做。幸运的是，你的大学会有一个提供这种培训的教学中心。一些学院现在也开始为他们的博士生提供这样的培训。我受聘做终身教师时是我人生中第一次讲课，但我之前曾经参加过大学教学的考证课程，这有助于我从一开始就有一个积极的教学体验，并且能够在求职面试中"谈一谈"关于教学的问题。对于招聘委员会来说，受过一些培训看起来很棒，这让你的最初教学体验更积极，这不仅表现在学生的反应方面，还表现在时间管理方面。未经培训的新大学教师会花费过多的时间逐字写出讲义。参加这样的培训有助于让你的课堂更具互动性，进展也会更流畅。除讲课之外留下讨论和活动的时间，会让你的课程更加引人入胜，并且还能减少你的备课时间。

现在许多大学教学工作的候选人的申请中会包含详细的教学档案，通常会有长达数十页的内容来陈述他们的教学理念。如果你的大学开设关于如何准备这些档案和理念陈述的研讨会，你应该参加一下，最好在开始教学之前就参加。你应该提早开始为自己的教学档案收集材料，而不是在申请第一份工作的前一秒才手忙脚乱地把所有材料堆在一起。即使作为助教（TA），你也可以记录你已完成的培训，并且保存学生对你工作的积极评价。

保存记录对于学者来说是一项重要的技能，他们通常会编写一份关于过去一年所做的每件事情的年度报告。记录你教的什么课以及有多少学生上课，养成习惯，然后不断更新自己的简历。

理想情况下，助教的工作可以让你以教学学徒的形式展开，并且能帮你提升自己的技能。寻求你所辅助的教师的反馈，最好是书面形式的反馈，以便你可以将其纳入自己的教学档案中。

参加客座讲座可以为你提供宝贵的教学经验，但许多研究生只是将其作为讲授正确内容的实践，并没有考虑如何以一种引人入胜的方式演讲。在你演讲的前后，向备受尊重的老师寻求建议，并从听你讲座的老师那里得到书面反馈，这也可以归入你的教学档案中。想想你是否在适当地讲解材料，让材料简单明了、更具互动性；想想你有没有在整节课里回避讲课。你还可以在课堂上加入一些视频剪辑和活动。在客座讲座结束时，要求学生以书面形式提供匿名反馈，以便你知道哪些方法有效、哪些方法无效，然后可以把评论纳入教学档案中。

所以要教学，但不要教太多；抓住你知道的任何教师培训的机会，并养成记录你的培训的好习惯。

22. 毕业前搬离学校

学生选择读研究生的地方往往不是其成长或生活的城镇

或城市，离家弃友，甚至有时抛下配偶去读书会让学生压力重重。在研究生院没有了原来的人脉支持，生活会变得孤立无援。大多数博士项目要求学生至少在学校所在地居住一到两年。年限一到，如果你想离开或者需要离开去实地考察，你就可以搬离这座城市。有了信息技术，我们可以远程工作、远程社交。如果你渴望家的温暖，这样的前景会吸引你。但搬离学校会在很多方面阻碍你的发展，完成学业就难了。

距离变远产生的最直接影响是让你的工作自律性变差。搬离学校后，其他活动就会显得比拿学位证更紧迫，保持"研究生"这一主要身份就越发困难，同时日常出勤和工作也难以保证。

距离减少了定期（或不经意）与导师会面的机会。虽然你可能有时候不喜欢在大厅或超市里偶遇导师，但定期与导师会面与研究生阶段的成功息息相关。若是住在另一个城市，定期与老师见面就变得越发困难。

不在学校也有被人遗忘的风险。"眼不见，心不想"在研究生院同样适用。如果你不经常出现在学院里，评助学金或奖学金的时候就可能被遗忘。即使你一直跟导师保持联系，但在学院里还有负责发奖学金的人，也有可能在未来某个时间受邀评价你能力的人，不在学校的话，几乎没有给这些更广阔的人脉网留下深刻印象的机会。学院需要研究生完成研究工作，有时候学生能在发表的研究中得到联合署名的机会，但远离学校让学生难以从断断续续的研究中获益。即使学院考虑过让你参与研究，但事实胜于雄辩，不在学校，研究任务几乎无法完成。

无独有偶，教学亦是如此。比如，我曾有个研究生想搬回家跟家人团聚。我告诉他，这样我很难甚至是不可能给他提供科研经费。他很自信，说自己会教书赚钱。可惜，他没有意识到很多院系会把分配的教学任务当作"类似奖学金"的一种形式，或者是作为高年级博士生的额外经费。他很快会发现那些其他院校的代课讲师职位几乎无一例外地被分配给了那些住在当地的学生。

搬离学校的学生未能意识到这一关键点——研究生不只需要写论文，他们的专业还需要经历较长的社会化阶段。研究生有时需要模仿学习才能过渡到初级讲师的阶段，经常待在系里可以观察和学习大学生活的诸多细节，搬离学校就与潜在的学习样板分开了，跟待在学校吸收大学社会常规以及文化习惯的学生相比，你会处于劣势。

尽管一些学生可能不得不离开学校进行实地研究，但回学校分析数据、写论文才是明智之举。在论文主体完成之前尽量不要搬离学校。

23. 推迟烦琐的审批流程

如果你在研究生阶段已经发表了数量和质量可观的论文，你会希望尽快拿到学位。提前毕业可以视为你是一位潜心研究的学者的标志。更具体地说，它也可以改善你的经济状况：你获得学位所花的时间越长，你就越有可能耗尽资助而增加债务负担。

鉴于对毕业速度的强调，你应该试着减少一些可能减慢你毕业速度的因素。在学习过程中有两个最为显眼的刹车板，即科研伦理和科研成果。

现在几乎所有的大学的科研伦理委员会都必须先审查你提出的科研项目，然后你才能开始收集数据。科研伦理委员会尽力确保你的研究不会伤害科研对象，既指人类也包括动物。这包括不仅诸如药物试验等具有明显伤害的风险的情况，还包括比较温和的实验活动，例如对有劳动能力的成年人的访谈，甚至是一些观察研究，在这种研究中，被观察者可能永远不知道他们正在被人盯着。

研究伦理程序促进了对学术研究风险的更多思考，但是它们的代价是道德官僚机构不适合某些类型的研究，并且会产生耗时的延误。许多研究生希望在夏季开始他们的研究工作，而委员会在这一季节只会间歇性地会面，这可能会进一步拖延研究进程。

如果你的研究被认为风险超过最低限度，那么你的科研提案会受到额外关注。可能使你的项目受到额外审查的因素包括研究可能会造成危害（无论是在身体、经济还是心理方面），或者是一些针对弱势群体（如儿童、发育障碍患者、以前曾受伤害或迫害的人群）的研究。涉及动物或有害物质的研究也会受到额外关注。在进行研究之前，这些情况可能需要你与伦理委员会进行大量的通信来往。

申请伦理许可的过程变得越来越复杂和烦琐。申请表应该正式，不掺杂感情，并且详尽。看到所有这些因素，可以理解你为什么会尽可能地拖延审批流程了。但还是抵制住这种诱惑吧。啃下这块硬骨头，尽早地进行申请。事实上，在委员会在你多次改稿的最终稿上签名之前，你可以（一般来说是应该）提交道德申请。

虽然伦理审批过程让人很沮丧，但因为它完全实用，所以会产生一些意想不到的好处。把它看作学习的机会，你会看到必须把自己研究项目的某些方面具体化的积极作用。委员会想要知道你将要研究的对象是什么，样本大小是多少，如何征集研究对象，收集什么数据，如何收集数据，数据将存储在何处，你的时间安排，以及可能会出现的风险，等等。无论怎样，你都必须得处理好这些具体问题，所以伦理审批流程至少帮你概述了研究的具体内容。

研究项目也可能因为难以获取你想研究的机构、物质或人群的许可而延迟。也许你想采访调酒师，测量运动员运动后的心率，把一些旧资料弄到手或者做一项调查。每一项都将涉及一段微妙的谈判时间，有时这一时间还会被延长。所需要的时间通常比你预期的还要长，因此，我不得不再次强调：尽早进行审批流程。

可以看出，某些现象比其他现象容易研究得多。例如，很难获得采访被监禁的囚犯的许可。你雄心勃勃地想研究参与有组织犯罪的人，这一计划可能永远不会落地。在北美的一些审批单位里，那些旨在研究小学生的项目必须要等待一年多的时间才能启动。如果想使用动物标本，你可能需要获得特殊许可，如果这些样本正在国际上运送，它们很可能会卡在海外。如果需要使用特殊设备——比如说加利福尼亚州（California）或萨斯喀彻温省（Saskatchewan）的加速器——

你可能需要等待几个月才能获得使用许可。因此，要对你的研究基地进行战略性的设计，现实地考量你的研究时间表。研究人员有时很幸运，他们能够成功地得到许可。如果你最初的雄心壮志无法实现，那么就要做好进行 B 计划的准备。

有时你想要研究的机构会有自己的研究协议，这可能会使整个过程更加复杂。比如，我的一个学生想要采访警察。大学伦理审批流程要求警察局不能有人知道学生正在采访的警官的身份。相反，警察局的研究协议坚持要求研究机构向可能受访的对象发出邀请函，这意味着他们可能知道哪些警官正在接受采访。我的学生努力找一个折中的方法，不知不觉间几个月就过去了。

仅仅是一个机构批准你的研究项目并不代表研究对象会蜂拥而至（还记得利亚姆吧）。各机构不能强迫人们参与研究项目，所以你得想方设法招募研究对象。你也可能需要用金钱来补偿研究对象花费的时间。有很多研究生的论文中包含一个方法论章节，这一章节会描述他们张贴海报后干等着研究对象自己找上门，然后几个星期和几个月就这么过去了。

如果你是硕士生，那么这个警告尤为重要：你的研究项目的时间相对更短，所以延迟会让你更加心痛。

24. 凡事只动脑不动手

一些研究生认为他们过的是脑力生活。正如他们所看到的一样，他们需要挤在咖啡店里讨论生命中的重大问题。人们当然喜欢自己被夸智力高，特别聪明的学生在研究生教育中有着不可否认的优势，但不要夸大聪明的重要性，自律才是最为重要的。在读研的道路上散布着洋洋洒洒的未完成的论文，这些论文很多都是那些聪明但做事杂乱无章的人写的。拿到研究生学位看似是一项大工程，实际上包含了数以万计的小杂务。为了将论文涵盖的无数线索结合在一起，你除了需要花费多年的功夫，还需要坚持自律。另外，你还需要建立一些体系。

只在大脑中履行你的所有责任很有可能会让你忘掉很多重要的义务，从而让你觉得生活失去了控制。成功的研究生会开发一个体系来组织他们的工作事项，而且你要真的会使用这一体系才会有价值。即使某个私人计划软件再怎么精巧，如果你知道自己永远不会打开它，那购买它又有何用？看看什么样的体系适合你，然后一定要使用它们。

随着研究生生活的推移，花费时间的事项会越来越多，因此你必须要记得自己的约定与责任，这些约定与责任经常已经辐射到未来几个月甚至几年的时间了。因此，日历是你需要的最关键的体系之一，待办事项列表无疑是你需要的另外一个体系。这可以是一个基本的手写清单，记录你想要立即处理的任务，也可以是更复杂的计算机程序，把你的生活分配到长期目标和你所参与的事业当中。你最好配合使用工作清单与日历，这可以让你为每一项工作的完成设定一个日期。

　　建立一个体系管理电子邮件。虽然电子媒体有很多种形式，但电子邮件仍然是工作交流的主要手段，并且邮件可能滚滚而来，我一天可能收到一百多封关于学术问题的电子邮件。如果你没有管理这种通信的策略，它可能会压垮你。我认识的一些教师就只在一天的特定时间里阅读和回复信息，这样一来可以确保他们的其他工作不会经常受到干扰。为了确保不会堆积和遗忘信息，你需要一种方法来标记重要的信息以供以后阅读，以及存储这些消息以供将来参考。

　　你需要用一个体系来组织参考资料。近年来，许多专有和开放式访问程序已经可以在你阅读时给予辅助，保留电子文件副本，并记录你的个人笔记。有些程序允许你自动地将格式化的引文插入到你写的文字中，并允许你创建格式化的书目。现在大多数大学图书馆都提供关于如何使用这些工具的学习课程。

当然，如果你就是想搞砸，那就不要把你的工作成果定期备份，不要把副本另储存或者云储存。我非要提醒你要备份的事吗？唉，是的！系统崩溃并且不可恢复，电脑被盗，这些灾难往往发生在懒于备份的学生身上。如果你认为失去毕业论文才算是一场灾难，那么等到你失去所有主要数据或论文的一大部分你就明白了。记住我已经警告过你了，它真的会发生在你身上。是的，就是你。

这些都是基本的组织体系，你也可以使用其他很多模式和方法去更好地组织你的生活。例如，我听说过有一名学生在写作服务网站注册了一个账号，只要她每天写完网站要求的论文字数，该网站就会给她发送猫咪的图片，以此作为她的奖励。因此，找到适合你的体系。除了摆脱负担之外，它们也可能会给你带来一些快乐（或安慰），让你的生活变得井井有条。

25. 要么不参加会议，要么参加一堆会议

学术会议如同好奇心很大的野兽。作为知识分子交流的论坛，会议对严肃的学术辩论来说可能是一个过于简陋的

场所。演说时间过于短暂，甚至不能充实论点，"主题"分论坛似乎常常被随意地扔在一旁。听众规模通常很小，对于那些演讲的研究生来说，面对空荡荡的房间，心里肯定很难受。例如，我的一位朋友自己出了相当大的一笔开销从大陆这边飞到大陆那边，就是为了做第一次会议演讲。到达时他才发现，会议手册中包含他那一场演讲的分论坛时间出现了错字，导致现场一个观众都没有。

尽管有这些限制，会议的价值还是有很多的。所以可以计划着参加会议，但一定要了解它们的真正价值。

对于研究生来说，会议可以帮他们找到写作动机。如果你不能在现有的会议中找到自己感兴趣或者与自己相关的分论坛，你可以和你的导师或其他研究生谈谈要不要举办一场属于你们自己的论坛。注册论坛后就开始写一篇论文吧，不要写会议演讲稿。这两者有很重要的区别。老练的演讲者可以用最简短的笔记填充他们分配好的时间，然而你会想要讲一些近似于论文初稿的演讲。如果研究生缺乏会议演讲经验，那么他就会希望有一个可以依靠的完整的书面稿，而不是即兴演讲。如果你有论文的书面形式，在演讲结束后，你还可以把受到的评论纳入其中以及修改论文，并且着眼于把它投稿发表或者作为论文的一个章节。这样做也有助于治愈写作和修改过程的不确定性，而这一过程似乎可以永远持续下去。长远来看，在特定日期上交会议演讲稿可以为某一论文写作画上圆满的句号。

要着眼于向更广阔的学术界介绍自己和自己的研究成果。进行口头介绍可以达到这一目的，制作海报也是如此。在许多会议中，有些领域会专门用海报展示自己的演讲内容，学者们可以通过海报简洁地向所有走过的充满好奇的与会者宣传他们的研究。制作海报是自然科学和应用科学早已成熟的传统，现在海报开始进军一些人文和社会科学学科。有些会议甚至会设立最佳海报奖。

会议也是有利于建立人际关系的论坛，工业界和政府部门已经认识到这一点，然而他们举行会议的粗俗目的为这类会议染上了污点。在学术界，可能只有小部分人在你的研究领域工作，联络人际关系可以让你在自己的学术界与他人分享想法以及做项目计划。即使是知名学者也愿意与志趣相投的年轻同人见面，并且分享自己的人际关系。简短地介绍一下自己，要有礼貌，展示出自己真挚的兴趣，你也可以收获满满。某位编辑可能需要一本书的撰稿人或者想找人撰写书评，如果你们两人见过面，那么邀请你的概率就会增加。这样的见面也能够让你拥有令人羡慕的好处，比如说你在写电子邮件时，开头可以这样写："您可能不记得我，但我们两年前在明尼苏达州的会议上见过面……"

参加会议可以带来诸多附属福利。例如，在诸如计算机科学此类迅速变化的领域中，通过参加会议你可以了解尖端技术的发展状况，因为这些领域的正式出版物往往落后于技术进步。

做一场演讲可以让你觉得自己的研究更加真实，可以让你认识到自己在这一领域逐渐成为一名专家。会议可以让你摆脱形单影只的研究，为你提供一个与更多的学者和同事会面的机会。此外，会议提供了大量学术界共享的文化宝库，也是诸多逸事和偶尔好奇心大发的源泉。

会议这一活动最好适度参加。不应该不参加会议，但也不应该参加太多会议。当看到研究生的简历中包含大量的会议简报但并没有发表的文章时，招聘委员会成员会皱起眉头。有多少会议简报具有相似性呢？这就是问题所在。如果你的简历同时列出大量的发表作品以及大量会议简报，那就没有任何争议了。如果你的简历中填满了会议简报，却少有或者没有出版物，人们会怀疑你已经成为参会"小强"。如果你的研究由政府资助，你通常必须要证明自己可以把会议演讲稿转换为发表的文章或者其他"可交付成果"。

工作和社交生活

教授们可能很难平衡他们的工作和家庭生活。产生困难的原因在于他们有一份专业，但没有工作。有工作的人在不上班的时候，就没有义务听从雇主的安排，而专业人员没有固定的上下班时间。这可能很自由，但有时候专业目标几乎没有止境，这让人们把本该和家人、朋友相聚的业余时光用来工作。信息技术的发展让学术界难以找到一个真正"停下工作"的时刻。研究生是蓄势待发的专业人士，他们的时间也面临着类似的情况。

生活中不仅仅只有研究，许多教授和研究生都有充实的私人生活、良好的人际关系以及兴趣爱好。为了做到这些，你就必须牺牲待在学校里的时间。有人问，大学对年轻的同事有什么期望时，我会毫不迟疑地说要他们"做得更多，做得更好"。在这样的环境下，要想划清生活与研究的界限很困难，如果你不为自己腾出时间，没有人会为你做。

当崭新的专业责任出现在你面前时，你可能会感到陌生，那么对于你生命中的其他人来说，他们可能会感到更陌生。所以告诉你的家人和朋友自己的专业会有什么新要求，并根据个人和家庭的情况来看他们什么时候需要你。

26. 只关注学习

我的一位朋友在研究生阶段天天吃自助餐，再加上久坐的生活方式，胖了40磅（约36斤）。逐渐增大的腰围说明他过着典型的研究生生活，忽略了非学术部分的生活，比如锻炼身体。

你不能把力气一股脑儿地全部放在研究生学位上，相反，你应该把研究生生涯看作一场长途的徒步旅行。在这一旅程中，你要建立起自己在整个生涯中会用到的工作模式。不要吝啬于生活中的其他重要部分。将其他活动纳入繁忙的日程中可能会很难，但很多证据显示，拥有一个全面的个人生活可以让人从研究生生涯中脱颖而出。我的一个最好的学生在完成博士学位时做了大量的研究、教学和写作工作。同时，他还在学习跳萨尔萨舞，经常参加教会和社区组织的活动，每周日晚上还要看几个小时的足球赛。

　　做一些运动吧，除了对健康有益之外，强健的体魄会让我们有更多的精力和专注力投入到其他工作中，也包括拿到学位。锻炼还有助于放松和睡眠。我攻读博士学位期间经常组织垒球队，和学生、教授打排球，这也是一种很好的社交方式。即使如此，快读完博士的时候，我发现自己也开始发福，所以我开始跑步。跑步是让自己头脑清醒、摆脱压力的绝佳方式。

　　最容易让你忽视的人往往是自己的亲人。他们需要的远不是你在论文开头里那几句陈词滥调的致谢，写着为在读研期间忽视了他们而道歉。研究生院也看重家庭和人际关系，留出时间陪陪他们，和家人看夜场电影或者定期和自己的伴侣吃顿饭。休个假吧，你或许没有可以到很远的地方或者来一次奢华旅行的预算，但在当地露营或去一些经济实惠的地方也可以让人神清气爽，重新变得活力满满。休假期间，不要操心自己的工作。通常情况下，不管怎样都不要这样做，如果你操心工作的话，旅行便完全失去了意义。

　　多与你的研究生同学来往，这是让你们惺惺相惜的好办法。互相来往不仅可以让你们建立起友谊，还会让你们对学术生活有更广泛和更深刻的认识，而且有一些友谊可能会伴随你的一生。

从生活中找到平衡点本身就很重要，除此之外，还可以帮你避免在研究生生涯的长途跋涉中精疲力竭。

27. 期望朋友和家人理解你

获得博士奖学金时，我异常开心。我拨通了父母的电话，急于分享这个好消息。母亲仔细地听着每一个字眼，然后说道："这些钱还不够养家糊口，你能得到两份奖学金吗？"我一下子泄了气，不得不告诉她不能，那是根本不可能的。

我的妈妈并非特例：学术圈同事之外的大多数人很难理解研究生的生活。不要指望朋友或家人能够理解或喜欢这种生活方式。

最让人难以理解的情况就是时间问题。对于圈外的人来说，研究生的日程表开放得让人眼馋。日程表里会有许多你什么都不用做的空闲时间。这些人可能会鼓励你多社交或者多做些家务来填补这些空当儿。不因这些诱人的邀请推迟或放弃你的功课，是你能够保持自律的最好情况。即使这样，保持自律还是很难。你应该告诉亲朋好友，虽然可能没有正式的工作日，但你的工作是"全天候"的，以及你必须利用自己的时间完成一长串任务。

研究生生活改变了你，所有拥有不同职业特色文化的工作都容易改变一个人的生活。有了自己的生活方式，有意义的时刻，圈内的语言以及每年的生活节奏，非学术圈的人对这些没必要熟悉，也不会对此感兴趣。你发现自己的老朋友不会觉得杨教授古怪的服装有意思，也不会对那些因图书馆系统引起的烦躁感同身受，你可能会因此感到失落。当从事非学术工作的朋友除了询问你的论文进展如何之外对研究生再无其他兴趣的时候，你可能会很恼火。甚至提这个问题通常也只是出于礼貌，而不是真的对你做的沸石分子筛研究感兴趣。

你当然想和老朋友保持关系以及维系自己的人际关系，但是不要期望这些人能够理解你的研究生学习经历。可以与那些和自己有相似学术研究的人交朋友，和他们谈谈你在研究生生涯里的新发现。

28. 只与一个小圈子打交道

我所在的大学里有的实验室全是伊朗籍研究生，有的实验室全是中国籍学生。这些学生一起工作，一起吃午餐，周末也组团出去。他们在这个城市或大学里基本上不认识其他人。只和这个小圈子里的人交往也是毁掉研究生生活的一个方法。它把你从更广阔的大学生活中分离出来，减少你的机遇，并且限制你在专业上的人脉的规模和多样性。我当然不会把责任完全推给国际学生：在原籍国学习的研究生有时会把自己说成是排外的、占主导地位的小团体，并不特别受欢迎，这样一来，这些学生也会错失拓展友谊和视野的机会。

一般来说，研究生院会有很多小圈子。人们会根据各自的小圈子，或者是所在的实验室、国籍以及政治倾向来选择交友的对象。抵挡只与"自己人"交往的诱惑，试着与更广泛的学生、教师和后勤人员接触。如果你是一个在不熟悉的文化中学习的国际学生，并且可能不习惯说当地语言，那么这个建议尤其重要。对于留学生来说，首先（或完全）和来自同一个国家的学生交往是一个天生的诱惑。虽然这是完全可以理解的，但它也限制了你融入当地学术文化的机会，减少了你在另一个国家攻读学位的好处。

在任何领域工作的学生都觉得很难融入当地文化，这对于小实验室的学生来说更是如此，他们特别容易被孤立。如果你的实验室主要或完全由来自另一个国家的人组成，那么你就更难与来自东道国的人建立更广泛的联系，或与他们交朋友——这是国际研究生普遍的悲哀。

与此相关的困难还有只与来自同一国家的人交流，可能会妨碍你锻炼流利地使用当地语言的能力，在这里即指英语，但它可能会是另一种语言，这取决于你在哪里学习。值得一提的是，英语在学术上和在其他领域一样，已经成为主流的国际语言。不管人们对全球语言政治的看法如何，对于留学生来说，一口流利的英语在学术上绝对是一大优势。并且那些有能力用英语或者其他具有重要国际地位的语言来阅读和书写学术文本的研究生，做学术工作也会有很大优势。

论文写作会一定程度上反映你的英语流利程度。如果你仅以本国（非英语）语言进行社交，那会减少你真正掌握英语的机会。例如，为写本书我采访过一个人，她提到一位系里的同事，这位同事在她的国际留学生范围内进行了一次非正式调查，发现他们每天接触英语的时间仅有五分钟。这样的学生不可能指望其英语水平有所提高。他们学术写作很成问题，并妄想雇别人当枪手，这样会违反研究生院的规定。

尽管刚开始会很难，但请尝试体验一下我的学生卡米拉（Camila）的经历。她从自己的家乡葡萄牙抵达美国时，我把葡萄牙学生协会介绍给她。她回答说："我来这里不是为了和葡萄牙人出去玩儿的。"

我们学校国际交流中心的工作人员开玩笑说，要想说一口流利的英语，最好的方式是与以英语为母语的人恋爱——尽管卡米拉并不想把这些话看作官方的建议。生活在当地的语言环境中，和讲英语的人聊天，使用英文媒体（电视、广播、网络），积极利用英语语言的社交媒体，这些方法将提高你的语言技能，让撰写论文变得更容易，并能让你更好地利用所在大学和国家提供的个人和专业机会。

所有的研究生都应该试着打破研究生院的各个圈子，向其他学生介绍自己，参加你可能不会参加的活动。你会拓宽自己的视野，使自己研究生的经历更加丰富，还能拓宽自己的朋友和专业同事的人脉网。

29. 找一份与专业毫不相干的工作！

Kenko 在攻读博士学位时，还在寿司店兼职做厨师。他的导师知道自己的学生花了那么多时间砍鱼时心都碎了，所以他在学校找到一些让 Kenko 放下刀子拿起书的研究工作。

如果你真的想搞砸自己的研究生生活，那就照着 Kenko 的做法来吧，不断地把与学校生活毫不相干的事夹到自己的碗里。这样会增加负担，可能会让你延迟毕业，减少你可以承担的学校相关项目的数量。如果你想把研究生读好，那就控制好你能处理得过来的个人和家庭事务的数量和范围，并采取合理的方式安排好时间。

如果你是一名全日制研究生，就要意识到读书真的需要你付出全日制的努力。在这一方面，适度才是最好的。如前所述，只把精力放在学习上是不明智的，但是不要参加超出你掌控范围之外的家庭和生活活动。太多事能把你从研究事业身边带偏，但是偏离的程度因人而异。

有一份全职工作可能会让你完全无心学习。迫于学费上的压力，一些研究生可能想有一份全职工作，同时又在尽力完成学位。这让一个全日制学生慢慢变成了非全日制学生。偶尔会有能力超群的学生可以搞定这种局面。通常的情况是，工作优先，学习退居十八线。

然而，这里面还有几个细微的差别需要考虑。找一份非学术相关的工作对博士生来说危害可能会更大一些。硕士生，尤其那些没在写论文的硕士生，他们选择有偿工作时会有更大的灵活性，而且有些硕士项目明显有充足的兼职时间，所以学生可以在上学的同时还能保住自己的工作。另外，如果毕业后你的目标不是继续深造而是直接工作，那么读研期间找一份和自己学术不相关的工作勉强还说得过去。即便如此，一些声望很高的奖学金或导师的研究资助的条款可能禁止找此类兼职，如被发现，可能会付出财政上、专业上以及个人的代价。

尽力把自己的精力投入到研究中，保证毕业找工作时能有广泛的就业机会。虽然从短期来看，放弃工作机会很难，但从经济方面看，最好的做法就是咬紧牙关，尽快地完成学业。我深知学生复杂的现实状况，所以我从来不会说"不许找工作"这类话。相反，我想说的是无论你走哪条道路，只要它需要你付出大量的时间，那么你就得充分意识到兼职会影响你走这条路的进度。所以，尽可能减少那些会对研究和教育造成严重影响的活动。

论文写作

做学术要写很多东西。除了写研究成果发表文章之外，学者们还要撰写参考文献、授予提案、提名奖项等等。即便如此，我们往往忽略了学术写作其实是一项体力活，而且需要一定的技巧。

为了及时完成学位并成长为一名学者和研究人员，就必须制订一套高效且良好的写作计划。这应该包括撰写论文和辅助研究项目。将这样的写作推迟到快要交稿的时间会让你清闲一阵子，但也会让你备感压力，最终无法按照遵循条理的写作计划，写出高质量又连贯的内容。不同的作者会有不同的写作习惯，创建一个适合你的写作计划并坚持下去，尽量不要让其他事情妨碍你的写作。

除了需要努力之外，写作也是一门手艺。如果你想后期再添加写作技巧，你就有可能疏远甚至激怒你的读者，因为他们很难理解你想说的话。你现在正在学术水平最高的地方工作，读者在努力理解你的观点时不应该急得抓头发。你不需要成为一名诗人，但应该不断努力提升自己的写作能力。幸运的是，有许多书籍、杂志、写作组、在线服务和支持中心可以帮助你。

30. 只写博士论文

"除了博士论文还要写其他论文？你疯了吗？博士论文就够我受的了，我不能接受其他项目。"学生们都很有礼貌，不敢对我说这些话，但我强调论文写作的重要性时，我能明显地感觉到我的几位博士生有这样的想法。对于攻读硕士学位的学生而言，发表文章并不重要。然而，对于一个博士生来说，只写毕业论文，而不在任何一个期刊上发表论文，那么她在学术上是不会有任何前景的。为了快速地获得博士学位，只去写毕业论文，会让你错失很多与学术相关的工作。

以前，你只需要博士学位就可以获取一份终身制的工作。是否被聘用可能取决于研究报告的质量、面试中的表现、研究质量、获得博士学位的大学的声望、自己导师的地位以及推荐信的含金量。那时，除了毕业论文，你不需要再发其他论文。虽然毕业前发表论文是件好事,但这还没成为常态。

现在这种招聘模式已经改变了。除了论文以外,没有写任何东西的博士生,在学术性工作的招聘中竞争力会降至最低。我已经认识了数十名前来应聘教授职位的博士生,除了那些被聘为教授专职职位的人以外,没有一个人没有发表过文章。如果你想从事研究或在大学任职,可以利用你在研究生院的时间撰写和发表论文。

许多学生希望将毕业论文的部分内容提交期刊发表。当然要这么做。问题是,不到你的博士项目相对较晚的阶段,你写的论文可能还没有那么清晰。因此,在申请工作时,你可能提交了一篇或两篇论文(而且还在审稿,尚未被采用或出版)。这总比没有强,但它可能不会为面试添彩。你可以做一些更好的计划。

立即开始考虑写作毕业论文以外的论文。你可以从小处着手,如果是研究人文学科或社会科学领域,可以尝试在学术刊物上发表书评。书评的声誉可能不是特别高,但可以很快写成,这会让你更有自信去写文章。四处看看有没有写书评的机会。你的院系里就可能有自己的期刊,甚至可能正在征集你的领域的书评。

与讲师和自己的导师谈谈有没有出版机会,也许你可以将你的一篇期末论文稍加改动提交期刊。这种可用的资源，是发表论文的潜在机会，但这种方法在自然科学领域很难，因为自然科学中通常需要原始数据才能发表论文。

有了这样的讨论，你的导师或者其他人会来找你共同撰写论文。合著论文建立在教师对学术出版深入了解的基础上，是你开始发表文章的绝佳方式。事实上，在自然科学中，学生们几乎总是把他们的导师列为合著者，因为他们经常发表来源于导师的更大的研究项目论文。然而，研究生有时会担心他们对出版物的贡献得不到足够的认可。虽然可能会出现关于作者身份的分歧，但我的经验是，教师，特别是资深的教师，往往对于合著权很慷慨。向同一专业的研究生询问与哪些教授有过合作的经历，并寻找任何可能发生合作的机会。

订阅你所在学科的邮件列表。几乎所有的分支学科都有电子邮件列表，或者在领英（LinkedIn）、脸书（Facebook）、推特（Twitter）等社交媒体平台上发布，教授们可以使用这些电子邮件列表来跟上专业领域的新步伐。这是知道有没有发论文机会的好方法，因为期刊会因为特殊情况定期发布征集论文的消息。

你需要多少份出版物才能找到工作或被博士招生委员会或奖学金委员会发现？遗憾的是，没有一个明确的答案。评估学术出版物要考虑诸多因素，例如出版物的数量、内容，不同出版方式的特定学科方式（像专著、文章以及专著的几个章节），自己写的页面长度，是独立撰写还是合著，有多少共同作者，以及共同作者的学术声望，等等。此外，"合适的"的出版物数量根据各自的要求有所不同。例如，在社会学中，发表三篇文章或参与某本书的几个章节的写作，自己独立创作或者有两个及以上作者时做第一作者，就足以在求职面试中成为加分项。在这个问题上得到具体指导的最好方法是与你的导师谈谈，看看你所学的专业有没有发表论文的可能。拿你的简历复印件和导师一起讨论，顺便可以谈一谈你的论文的具体情况。她应该能够告诉你该怎么做以及如何改进。

31. 迟迟不发表论文

该发表论文的时候却迟迟不发表，那么在简历中，你发表的文章数量将少于竞争对手。再也想不出比这样做更能降低成功的概率的做法了！

出版作品牵扯的一切事务花费的时间都要比你预期的长。我曾经有一篇论文被一本编辑好的合集采用，但由于投稿者的问题、媒体的故障以及编辑生病了，不得不暂时搁置这个项目，所以这个过程的每一步都被推迟了。编辑的健康状况好转之后，所有的论文都必须重新收录，这篇论文耗时五年才得以发表。虽然五年只是例外，但看到已经采纳的论文需要一年或更长的时间才能见刊，请不要感到惊讶。

　　写作本身就是一个缓慢的过程。一旦完成论文并将其提交给期刊，在编辑向你发送同行评审之前，可能几个月就过去了。如果幸运的话，审核结果不错，那么预计会被要求进行另一轮修订（主要或次要）——通常被称为"修改并重新提交"。在这种情况下，编辑会向你提供匿名评论，并通知你，在你完成审阅者建议的更改后，她将重新考虑你的论文。审稿人通常会提供广泛且有时相互矛盾的建议。理想情况下，编辑会指出哪些修订是至关重要的，但这种情况并不常见。因此，"修改并重新提交"可能会令人特别困惑。如果你处于这种情况，请向更有资历的学者咨询如何理解审稿人的建议。尽可能多地进行修改（如果可能的话）并重新提交论文——通常有一个指定的日期。还要提供一份总结修订的简要文档，详细说明你如何回应评论者提出的每个观点。你不需要对所有建议进行更改，但是其中的大部分观点是需要采纳并做出修改的。如果你决定不遵循给出的建议，请有礼貌且得体地指出，并解释清楚这么做的原因。

然后，编辑可能会对你重新提交的论文是否发表做出最终的决定。或者，她可以将论文发送给别人，再进行另一轮审查。这又延长了过程。如果你的修改部分被接受，则会将其提交至等待发表论文的行列中。根据期刊已采用文章的积压情况，它可能在采用后不到一年或更长时间才发表。如果你做的是一本书的手稿，可能会花费更长的时间。

正如你所看到的，出版需要相当长的时间，这就是为什么在你找工作前就要开始写论文的重要性。鉴于这样的时间线，你可能不想把目光放在顶级期刊上，因为提交给核心期刊的论文只有小部分会被采用发表。因此，把论文打包起来上交核心期刊，你有可能会面临漫长的审查过程，而且等待着它的只有被拒。从你的导师或其他资历较深同学那里获取哪个稿件向哪本期刊提交的具体建议吧，他们应该会告诉你什么样的期刊会比较适合，同时要清楚地将论文的主题、质量、当前简历中出版物的数量和类型，何时用于求职等事铭记于心。

坚持！很多研究生投一次稿，如果不被接受，就会放弃。他们不知道高级学者的论文在被采纳之前一般会将文章提交给几个不同的出版社（有先后顺序，而不是同一时间，同一时间投稿会让你陷入麻烦）。只要我提交一篇文章，我就已经做好文章被拒后要再提交给哪本期刊的打算。这可以减轻论文被拒后的伤心，因为我已经制订好了备用计划。

在你的简历上列出已经写好但尚未发表的作品，标明哪些正在提交，哪些已经采纳并修改以及重新提交，抑或是哪些即将发表（即编辑已正式接受最终版本，正在等待出版）。但要小心，不要虚报简历。列上你正在撰写（或希望写）的论文会让看你资料的人感到厌烦。委员会也会对正在进行中的冗长的论文清单表示怀疑。

如果你早期出版的论文与你现在申请奖学金论文的主题没有相关性，请不要担心。人们都明白，读完研究生后，你的兴趣可能会发生变化，这可以反映在你的出版简介中。而且，这种多样性有时可以增加你的优势。学术界往往不会局限于一个专业领域，招聘委员会可能会喜欢你的第二专业，因为这表明你也可以为该院系的其他领域做出贡献。

面试中要做的是证明自己随着时间推移可以产出一系列学术成果。当然，如果你发表的论文主题与该领域一点儿都不沾边儿（举一个极端的例子，拜伦的诗歌和热成像技术的发展），你可能会被视为一个不专心的"半吊子"。如果是这样，请给出一个合理的解释，概述你写的论文在实质上、理论上或在你的个人传记方面是如何相互关联的。聪明的招聘委员会会认识到有一个具有早期出版记录的候选人是多么令人满意——尽管发表的这些论文的焦点不同——因为成功发表论文的模式往往会延续下去。

虽然我只强调了出版物和工作之间的关系,其实,发表论文常常也是赢得荣誉和奖学金的关键因素,有时博士入学申请也需要,尽管在我的研究领域,学生申请博士时很少考虑是否发表过论文。

虽然这可能会根据你所在的领域不同而有所不同,但与博士生相比,硕士生发论文的压力通常要小得多。硕士生通常会在没有发表任何论文的情况下完成学业,或者可能在主要由其他人做的大型合作研究项目中,在撰写的论文里被列为第十四位作者。如果你是硕士生,你应该开始认真思考发表论文的过程——特别是如果你打算继续读博——并就你所在领域的论文要求寻求一些建议。即使短时间内没能发表论文也不要焦虑。

32. 什么都想涵盖进去

渴望搞砸的学生应该记住:论文代表了自己的个人和专业成就,论文就是一切。所以它应该涵盖一切,你要从各个角度探讨你的主题,使用不同的方法论,从每个可能的理论框架探索这一主题,旨在横跨整个人类历史来做出分析。这一定能保证三十年后你会问自己是否有资格得到做研究生的养老金福利。

在攻读硕士学位期间,我碰到了一位教授,并向他总结了我的论文主题。我正在研究性交易,所以我详细介绍了我如何在多伦多(Toronto)进行一项有关卖淫行业的女性主义分析,它将解决经济问题,并纳入最近关于种族和身份的理论工作。我的方法论涉及一个雄心勃勃的计划,在该领域进行长时间的一手观察,对街头妓女、警察、政治家和当地活动家进行几十次采访。当我停止说话时,他苦笑着说:"呃,为了自己考虑,你最好赶快停下这项研究。"我们分开时,我自己想了想,他是对的。这确实太疯狂了,我永远无法做到这一切。这个项目很庞大,没有重点,必须从根本上缩小范围和目标,否则我永远都完不成。那天晚上我睡得很不好,但是我的恐惧激励我把我的课题变得更加可行。

硕士和博士生倾向于为他们的研究设置过于雄心勃勃的参数,错误地认为他们的论文必须要对知识有巨大的贡献。毕业论文是研究生学位的重点,因此,它具有巨大的象征性,这让学生想要超出必要的范围,并从各个角度去分析课题。对于硕士生来说，这样危害极大，他们希望对知识做出更加适度的贡献，但仍然试图用一篇论文来展示他们对某个主题的所有了解。谨慎一点儿，不要试图完成太多。如果你认为你必须解决论文中的所有问题，你就有可能写出一篇既冗长又杂乱无章的论文。

一些大学试图通过对论文施加严格的字数限制来减少学生的这种冲动。尽管如此，我还是看到了有250页的硕士论文和一篇至少700页的博士论文，超过700页的论文只能装订成两册。这样沉甸甸的论文可能给低年级研究生留下深刻的印象，甚至会吓到他们，而教师会把其视为灾难。冗长论文的背后总是有一个抓不住重点的学生，以及无法（或不会试图）说服学生缩小论文选题的导师。

例如，中东冲突的历史不是一篇博士论文就能完成的，这是一项需要耗费几代人心血的工作。另外，虽然研究美索不达米亚战役的政治影响是一个大项目，但它的主题更为集中，是一篇可以完成的博士论文。硕士论文可能会探索一个更狭小的层面，例如特定时期的战争的特定属性。

爵士小号手迪兹·吉莱斯皮（Dizzy Gillespie）有一句著名的话，他花了他一生的时间学习不该尝试的东西。构想和创作学术论文也是如此。你需要确定研究中不应包含的内容，并删除分析或论证界限以外的东西,这样的聚焦是一个持续不断的过程,在你开始写论文大纲时就应该有这样的限制。在整个研究和写作过程中,你应该对自己说:"这很有趣,但是对我的项目来说是否重要?"当你接近完成一份完整的草稿时,你还必须确定你写的每件东西是否能组成一个连贯的研究。你可能不得不删减主要部分甚至是章节。这会让人很心痛。在撰写我的硕士论文的最后阶段,我删掉了很多页的材料,其中包括我喜欢的一大部分内容,但这一部分不太符合我的最终结构和论点。像任何书面作品一样,当你删掉不必要的章节之后,总是更具有说服力。删掉的部分完全可以放到不同的文件里,以后可以对其进行整合与撰写,向期刊投稿。

33. 不给自己定位

研究生院不断地为学生提供新的观点、方法和理论,一些学生对他们所知道的东西越来越有信心。然而,其他学生担心他们的成果可能会受到拥有不同视角的人的批评。这样的学生专注于他们的研究的局限性,废话连篇,并且不把自己与特定的知识领域紧密结合在一起。

没有研究在方法论上是完美的，研究生在研究经验、时间和资源方面特别有限。样本数量可以更多，时间线可以更长，比较组可以更精确；档案资料会有令人痛苦的遗漏，统计数据会掩盖研究参与者的生活现实；你的案例分析可能只能以有限的方式推广到上下文中去；你所在的大学的技术可能不足以支持你可以进行的研究类型：这就是进行研究的现实。研究可能会变得很混乱，不再是创造知识的原始实践。经验丰富的研究人员明白，实际的研究很少遵循方法论教科书中画出的有序流程，而是有点即兴发挥的意味，并且在出现挑战时物尽其用。你需要根据现实的需求，尽可能利用可用的资源和时间段，折中理想化的目标。不要让这些事儿折磨你。接受你的研究并不完美的事实，但依然要捍卫你所做的以及从你的研究中得出的合理结论。

这种动态变化关系到你对理论框架的选择。这可能会在人文和社会科学领域引发更多的焦虑，因为人文和社会科学有着大量的理论传统，而每一种理论至少都有一些追随者。请记住，所有方法都因其各自的局限性而受到批评。因此，选择一个理论框架并尽可能地为它辩护。

深入研究文献是一大诱惑，因为你希望能更全面地理解知识谱系，从而得到方法。对于那些必须从事实际数据收集工作的研究生来说,这可能会分散他们对主要任务的注意力。即使是哲学家和社会理论家最终也需要在一个基础上进行原始论证。

辨别出哪些学生不能致力于一个知识领域其实很容易。他们的写作倾向于总结许多理论观点,而没有明确地与任何特定方法保持一致。对于这样的学生来说,沿着这条路线得出有利的断言会需要很长时间:"现在我使用的是这种方法,尽管它有一定的局限性(项目A、B和C),但它在某些领域(项目X、Y和Z)依然有很重要的地位,并且能够提供最(准确、新颖、切题、有助于政治方面)的方式来研究我的主题。"

无论你采取什么方法来研究你的研究都是不完美的。尽管如此,你必须与自己的观点统一战线,并且支持和捍卫你选择的主题、理论和方法策略。

34. 不到截止日期不写论文

读研究生时,你的论文写作模式将会——或应该——发生改变。本科学生通常可以快到截止日期才开始写论文,他们只需要大致了解在截止日期之前需要花费多少时间才能撰写出说得过去的文章。这一过程需要闭关、咖啡因和熬夜。如果你想断断续续地发表文章，并喜欢经常过焦虑的生活，那就用这一方法写论文吧。

当你完成你的课程作业时，你将会进入一个全新的世界，在这里只有很少的固定期限来指导你安排自己的写作计划。这既有好处也有风险。好处是你可以相当灵活地安排工作和家庭生活。厌烦传统枯燥无味的工作的人很中意这一点。幼儿的父母随时需要调整时间安排，所以这对他们来说也很有吸引力。

然而，许多研究生在完成课程任务后仍然会因缺乏组织性而煎熬。问题在于，你很容易拖延时间或者放着你的论文不管了，你总是可以把写论文推迟到明天。毕竟，它没有确定的截止日期，同时又必须在今天的课堂之前准备一场演讲，提交演讲申请，回复所有这些电子邮件，或者处理其他任何比写论文更加紧迫和愉快的任务。在动笔之前用其他责任麻痹自己是写论文最常见的障碍。

自己为自己定一个截止日期可以控制这种情况。你需要撰写会议文章或者答应为一本编辑过的书籍编写一章内容，每一个任务都会有明确的截止日期。努力完成这些任务会有助于你完成没有头儿的写作项目。不幸的是，许多学者会遭受一种奇怪的心理折磨，导致他们把"固定的"一词理解为"可协商的"。一些学者经常忽略"固定的"截止日期，进一步拖延他们的论文写作。这样做会让那些能在截止日期完工的人不喜欢你，因为他们的工作需要等待你超期完成而推迟。

因此，自行设定截止日期可能无法解决问题。以这种方式写论文的学者往往仍然会在截止日期之前（或之后）数周、数天或数小时的时间内写完论文。这一写作过程并不能最大限度地发挥你的写作潜能，并且持续对你施加压力。相比之下，高产又轻松的学者即使没有直接的最后期限，也养成了自律的写作习惯。

还是要跟着专业作者的策略走。他们每天的写作时间固定并且能够锲而不舍地坚持下去。写作并不是他们首先做其他事情而挤出时间去做的外围活动，这是他们的工作，而且他们每天都诚心诚意地完成这份工作。采取同样的态度，看看你的日程安排，找出一个时间每天写论文。如果没有剩余的时间，那你可能不得不放弃一些活动或者提前起床，腾出更多时间。这些时间没必要特别多——从三十分钟到三个小时不等，取决于你拥有的时间、快要截止的日期以及自己的专注能力，最重要的是，你会在这些时间段内写论文。

论文写作时间犹如黄金。你最亲密的同事、朋友和家人会有各种巧妙的方式偷走你的宝藏，比如要你给出建议、把握客座演讲机会、回复学生的电子邮件、履行委员会职责、参加社交活动等。尤其令人生气的是，那些大学里让你承担额外工作的人往往是那些因为你发论文比他少而嘲笑你的人。坚守你的写作时间。如果你正在寻找关于养成这种习惯的指导，我建议你遵循保罗·西尔维亚（Paul Silvia）在他精彩的小书《文思泉涌》（How to Write a Lot）中提出的建议。你会写的越来越多，担心的越来越少。

不要把你的论文写作看作艺术。像任何工艺一样，它拥有自己的创造形式，但这种形式只有通过工作才能呈现。把它想象成挖地道，挖地道并不浪漫，这是一个艰巨的苦差事。但是，如果你每天挖一个小时，每过完一周，地道就会深一点，轮廓也会更加分明。写作也是如此。定期写作，你写的论文自然会变得越来越多、越来越清晰。

一旦你抽出专门的写作时间，那就高效地利用它。最重要的是，做什么都要适合你。我有很多论文写作很成功的同事，他们有的人只在傍晚写作，而其他人会在人来人往的咖啡馆里全力奋战。能帮助你写作的情景就是你应该写作的时间和地点。也就是说，不要因为没有你喜欢的写作环境推迟今天的写作。你只顾写就成。

我建议早上应该做的第一件事就是写作。新的一天刚开始，趁着脑袋清醒尽早写作，这样你就不会因为一天里突然出现的干扰和娱乐而心烦意乱。这样还能给你超棒的心理优势，因为你知道上午自己就已经完成了主要的学术任务。你可以把剩下的时间里完成的任何事情都看作额外收获。

其他写作小贴士就是在你完成日常写作之前关掉手机，不要阅读电子邮件（网页）、短信甚至报纸，因为这些很容易让人分心。电子邮件（网页）尤其危险，它会吸引你去看一系列短视频，因此你肯定会把写作搁置几个小时之久。另外，写作的时候不要离开你的椅子。即使你只是盯着屏幕，移动段落抑或是进行拼写检查，你的大脑也依旧会在后台运作。只要忍住把屁股放在座位上，措辞和点子就会接踵而至。以我为例，我每次拿出三十分钟写论文，在此期间我不会离开我的办公桌。每当前一个三十分钟结束，我就会在办公室里踱步几分钟，然后回来继续下一个三十分钟的写作。

任何学者都确定这些技巧会立马提高你的写作输出。奇怪的是，在一个视论文写作如此重要的学院里，越来越多的人不再认可这些套路。

35. 折磨你的读者

> 无论去哪里都会有人问我是否同意大学扼杀了作家的观点。我的观点是，大学扼杀他们的程度还不够。
>
> ——弗兰纳里·奥康纳（Mary Flannery O'Connor）

你将成为一名真正的学者，所以你需要像学者一样写作。这意味着你需要用被动语态写出冗长而又复杂的句子，善于运用专业术语和外来词汇。这样写作就能完全证明你是学术圈的，是吗？当然不是。这样会与读者疏远，让编辑没有兴趣，并惹恼你的导师。当研究生立志要"像学者一样写作"时，这往往意味着他们在创造混乱又折磨人的散文。有些学生实际上在研究生院里变成了更差的作家。

写作将是你工作的主要内容。强大的写作功底能够极大地改善你发表的作品，提高申请到拨款、学生推荐信函和论文发表的概率。良好的写作能力甚至可以提高你的教学水平，因为这牵连到你如何以清晰、直接和引人入胜的方式表达自己。

如果你想折磨你的读者，把写作当作骑自行车——一种你不能忘记，但从大一开始就没有认真实践的技能。与之相对，最好的学生的写作方式就像空手道或踢踏舞，这是一种不坚持练习水平就会下降的艺术形式。写作就像弹吉他，只有通过一心一意的努力才能提高水平。

研究生院有一个秘密，好的作者即使不是一屋子里最聪明的人也可以做得非常好。所有研究生都很聪明，能够从事高质量的研究，但如果你不能以一种清晰而有说服力的方式写作，那么关于研究生院的一切就会变得更加困难。

作为期刊编辑，我曾收到过一些写得很差的稿件，我很好奇为什么作者想要折磨他们的读者。糟糕的写作会让匿名评论者感到恼火，而一篇不好的评论会让你的作品立即处于劣势。那些写稿件时粗心大意的作者——数字不合乎情理，观点也未能集中表达——尤其令人难受。

编辑们需要花费大量的时间和精力修改欠佳的文字。他们不会急于邀请水平薄弱的作者参与未来的写作项目。积极的一面是，编辑会特别想要写作功底强大的作家。如果你有幸成为一名出色的作者，写的散文有理有据，并且谙于运用修辞手法，你会因此树立起声誉，以后无论主题是什么，人们都会阅读你的作品。

研究生院有不计其数的文笔功底差的论文，为了方便起见，我将它们分为两大类。第一类在自然科学中表现得尤为显著，这一类文章努力去掉文章人文的外表，像是机器写的。这样写作的根源在于对科学、对客观性的追求,这在写作方面意味着试图消除所有提及参与研究的人类与地点的线索。科学家们这样写作使其看起来好像是数据和研究在为它们自己发声。有趣的是,事情就在这里开始发生变化〔例如《自然》(Nature)和《科学》(Science)等高级科学期刊是完全开放的:稿件允许以第一人称撰写,所以不要听别人说在写论文时科学家不能说"我"〕。尽管如此,科学写作的主流传统使得阅读极为枯燥,有些自然科学的研究生试图在文章中插入与众不同的声音,这么做会有被指责不是科研作品的风险。但是,正如我在下面讨论的,你仍然可以在写作时努力提高清晰度和精确度,你也可以不使用让你的句子变得毫无生机的被动语态(因此,你可以说"学生为自己的论文答辩",而不是"论文被答辩")。

第二类文笔功底差的作品具有过多的人文和社会科学的特点,揭示了与第一类完全相反的问题:含混不清的框架、令人费解的论据和修饰过度的术语。我想知道这些作者是想成为一名研究人员,还是一名标新立异的小说家。出现这种弱点,部分可归因于现在研究生院教授的大量理论。学生可能要花上好几年的时间才能意识到,论证重量级的思想并不需要他们像自己领域里的理论大师一样写作,许多倡导清晰写作的人认为，很多这样的理论大师根本不能为自己辩护。

　　研究生阶段是你与读者身份转变的关键时期。你的教授仍然会阅读你的论文和章节，因为他们必须这样做，但是当你开始在期刊上发表文章时，你的读者群就变了。学者有许多他们想要或需要阅读的文章，如果你写得太差，以至于读者难以理解你的观点，他们就会转头看别的东西。这是一场灾难，因为没有阅读量意味着无关紧要。虽然学术界经常强调发表文章的重要性，但最终的目的是让你的作品被阅读，你就可以为你所在领域的学术研讨出一份力。如果人们不读或者不能理解你的作品，那这一切就不会发生。

　　在这里列出提高写作能力的方法是不可能的，但，至少，你可以和学院里你尊重的作者、同人或教授分享你的作品。如果作品返到你手里时做满了标记也无须沮丧，修改与编辑不是批评而是礼物。如果一位同意编辑你的作品的人归还你的作品时只是轻描淡写地说"不错，我很喜欢"，那么那些想要提高写作能力的人会感到很失望。

　　如果有人慷慨地认真编辑你的作品，请记住，仔细编辑是一项很费时的工作，所以只给论文中的一个片段就可以了。几年前，我有一位学生，尽管他的文笔功底很扎实，但仍然有一些特殊的写作习惯，包括喜欢从词库的边边角角里抽一些生僻字用。作为我们日常工作的内容，我要求他在我们开会前给我发两段他最近写的关于任何主题的文章。然后，我花了几分钟评论他的文章。这可以帮助他在开始撰写论文前纠正一些不良习惯。即使编辑相对较少的文字，检查错误类型（无论是措辞不当、被动语态、句子冗长，还是措辞模糊）以及努力改善这些弱点，对学生也非常有用。

你不能光依靠朋友与导师对你的文章进行细心地编辑，你还需要寻找其他的写作资源。采用一些经久不衰的策略，比如加入（或建立）写作小组，阅读有关该主题的书籍，以及关注你喜欢和不喜欢的作者的作品。参加一些正式的写作课程。大学校园会有写作中心或自由编辑，他们将收取一小笔费用来阅读你的作品，并为你提供有关如何改进的指导。如果你是一个不了解自己英语水平的国际学生，这些课程是必不可少的。无论你的写作水平多么优秀，你总能变得更好。尽早寻求帮助。如果你在期末论文或毕业论文截止日期之前寻求帮助，那你收到的粗略指导不会有多大用处。

你的读者是你的朋友，你应该帮助他们理解你说的是什么。因此，你应该循序渐进地引入概念，重复核心观点，阐明你是如何使用专业术语的，总结和复述你的观点，并围绕这一点不断做出分析或论证。利用流程图、图表和表格，可以清晰地展示核心概念间的关系，解释概念和指明论证的走向。心系读者，仔细地向他们展示你在做什么。尽可能用最基本的方法告诉他们，你的论点是什么以及它能对这一领域做出什么贡献。阅读论文时，我首先会浏览引言，寻找类似这样的段落："因此，本篇论文将展示……""因此，本文使用Y理论并提供的X数据旨在论证……"如果我找不到这样的表述，我的心里就会立即变得不是滋味儿，因为我必须得花费额外的力气粗略地弄清楚作者想要达到什么目的。还有更糟糕的，我费力去找，却发现他们根本没有论点。

发誓你不会像传统学者一样写作：别说行话，尽力清晰简明地陈述观点，以主动语态撰写论文，以及对你的读者好点儿。最重要的是，不断努力提高你的写作水平。

你的态度和行为

想要在读研究生时一路高歌，考虑周到、愉快和负责任是必不可少的部分因素。这一点是不言而喻的，仿佛并不需要纠结。不幸的是，学生（和教授）有时候会沉迷于工作，忘记在一个复杂的机构中工作时需要遵守基本原则，并维持好与他人的关系。粗鲁、不敏感或烦人会让你的声誉大打折扣。同时，当你获得学位进入职场，这样会产生数不胜数的负面影响。

想想你的行为。你的行为是否会伤害或轻微伤害到他人？你认可所有值得认可的人吗？背后谈论同事是否公平、合适或明智？一个人如果考虑周到，就有可能在职业生涯里比你走得远，仅凭这一点就足以让你惊讶。

读研这条路不可能一帆风顺，所有学生都会遇到弯路和路障。努力以一种建设性的态度对待这种事。如何非正式地评估你是怎样的研究生（你将会得到非正式的评估），很大一部分就要看你如何处理不顺的事。积极的态度，加上尽全力应对挑战的意愿，将会使你的研究生生活更轻松。在工作中，它也会证明你是否适合这项工作。相反，不断抱怨只会让你血压升高，还让你的同事心生厌烦。

36. 只想通过成果获得评价

我愤愤地坐在办公桌前，好奇我的学生卡珊德拉（Cassandra）是没有组织性还是根本不懂体谅别人。为了让自己能够参加卡珊德拉口中所说的紧急会议，我调整了我的日程安排，取消了其他约会，并且还借了我妻子的车专程前往学校，这让我妻子也重新调整了她和儿子的日程安排。一个小时后，我连她的影子都没见到，于是我放弃了，然后回家了。几天后，我了解到卡珊德拉没有见我是因为她已经自行解决了自己的问题，这显然是件好事。但是，她并没有告诉我这件事情的进展，也没有为没取消约会就爽约而道歉——这是研究生搞砸的典型。

研究生院似乎是一个专门以任务为核心的地方。你需要完成一系列具体的项目，比如期末论文、综合考试和毕业论文。你可能会认为老师对你的评估完全看你任务做得怎么样。尽管只凭你的工作能力评估你是任人唯才的诉求，但这并不是大学或任何机构的真实工作方式。品德非常重要，在研究生院，所有人在评估你的作品时都知道你是谁。他们评估你的奖学金，但也会注意——有时候会相当地注意，有时甚至会引起过度地注意——你的为人。

所有这些都点明了声誉的重要性以及塑造和评估你的专业素养的诸多因素。有的评判标准会涉及对你为人的考虑。事实上，这也根植于学术体系之中。谈论"和睦相处"类似于一种代码，能表明你的工作能力如何以及能否与他人和平相处。教授们在写推荐信时应该特别注意这些问题，如果他们热情地推荐他们知道的让人难以忍受的人，他们的同行会很难原谅他们。

要注意哪些因素会影响别人对你的看法。在这里列出所有的考虑因素是不可能的，但你的父母会建议你遵循黄金法则，比如懂礼貌很重要。这些法则不论是在学校还是在其他生活领域，你都要发扬光大。

损害你声誉的典型方式就是对待后勤员工很粗鲁。这些人是大学的脊梁，他们为教师和学生完成了不计其数的任务，经常毫不犹豫地帮你并且少有怨言。对他们漠不关心——忘记他们也是人，值得我们尊重与体谅——绝对会让你名誉扫地。

人们也会很烦开会时经常迟到的人。我怀疑学生之所以迟到是因为他们认为在大学里时间安排特别随意。尽管会议通常不能准时开始，但一种非正式却严格的逻辑已经规定谁可以迟到、谁不能迟到。基本上，学院里的高层让处于底层的人等待更说得过去：院长可以让系主任等待，同时系主任可以让教职工等待，教职工也可以让学生等待。我并不是在鼓励这样的做法或者说这样很公平，但是任何社会学家都会告诉你，西方所有的官僚机构都是这么运作的。

如果你忽略导师的建议，你的声誉可能会出现另一个瑕疵。例如，在我写这本书的那一年，我告诉我所带的九位博士生，让他们去参加接下来的求职演讲。只有一个人不辞辛苦地到场了。其他人没有出席让我感到困惑，我怀疑他们是否会听取我的其他建议。你不会想让导师问你这样的问题的。

同样，几年前，一位名叫奥马尔（Omar）的学生问他的导师辛格教授，是否应该把道格拉斯教授列入他的博士委员会。对于论文来说，这显然是一个很好的主意，因为道格拉斯教授很有威信。尽管如此，辛格教授说不能。一个星期后，她了解到，奥马尔没有听取她的建议，先斩后奏地邀请了道格拉斯教授加入他的委员会。因为有些事不可与相对低年级的研究生说，所以奥马尔并不知道道格拉斯教授小气又善变，经常蓄意阻挠别人。辛格教授退出了委员会，奥马尔慌忙找来了另一位导师。

　　这并不是说你必须扼杀你自己的个性或者盲目地听从老师的异想天开。反建制导向是在大学工作之所以吸引人的另一个原因。大学里聚集了一大群令人印象深刻的个人，由于个人的种种性格，这些个人在工业界或政府中工作都会慢慢失去光彩。做你自己，但不要忘记大学仍然是一个高度传统的机构，那里的人会注意你的行为举止。

　　同时，你没必要力求完美，导师怎么说，你就怎么做。有时候，至关重要的是你需要选择立场，坚守立场，并且很有可能在这一过程中与别人产生摩擦和对抗。是否坚持战斗要明智点儿，不要让人们以为你总是爱好与人为敌。

37. 脸皮薄

　　我的学生汤姆（Tom）曾一度陷入恐惧之中。在我多次问他出了什么问题后，他坦白地说他为了发表论文向一本期刊投稿，但是收到的文章评论让他十分沮丧。评论很苛刻，论文被否定，汤姆因此怀疑自己不适合当学者。然后，他递给我一份他准备回复期刊编辑的信的复印件。谢天谢地，他还没有发送出去。汤姆的回信夹杂着痛苦与愤怒。他基本上都是在指责审稿人什么都不懂，没有看过新近的文献，并且忽略了他论文的要点。然后，他质疑该编辑是否能胜任审稿人的职责。读了他的信之后，我向汤姆解释了为什么他需要为自己的专业工作让脸皮变厚一些。然后，我撕碎了他给编辑的回信。

你可能是一位成就卓著的人，积累了值得炫耀一生的学术成就。你习惯于成为最优秀的学生，并受到表扬。你从高中和大学老师那里得到的反馈往往都是强调积极的一面，有时甚至像糖衣炮弹。然而在学术界这一高级阶段，事情就变得不一样了。标准会变得更高，失败非常普遍。为了事业蒸蒸日上、不断前进，你必须担起可能失败的项目。你的学位课程、博士综合考试、毕业论文和会议论文可能会顺利展开，但是为了得到一份学术类工作，你必须承担其他一系列活动，而在这些活动中失败是家常便饭。好在读研时得到的诸多否定可以让你有改进与重新来过的机会。

这种从未接触过的不确定性是你现在生活的一部分。你将和其他高素质的学生竞争奖学金和研究基金，其中大部分你都不会获得。

你也需要发表论文。你会把大量的时间放在写文章上，但最终很多都会被否定。一旦进入就业市场，你将把冗长的求职申请与几十个人的申请放在一起，只为争取同一个职位。即使你进入最终竞选，你仍然需要和其他两三名令人印象深刻的候选人竞争。你们每个人都会在面试中展示你们生活中优异的自我，但只有一个人能够得到这份工作。总之，你需要习惯于优秀，但也要知道自己不可能每次都成功。每个人都在同一条船上。这种情况也一直发生在高级教授身上，表现形式就是申请拨款失败或发表文章被拒。

在这种情况下，研究生可能会因为没有反馈而感到沮丧，比如没能成功申请研究基金；或者是因为反馈消极，比如投稿被拒。许多研究基金评选没有正式的机制让学生知道他们为什么失败了。如果你在写申请（这是你应该做的事情）时寻求老师和其他同学的意见，那么同时也要努力从你的系主任、导师和其他老师那里得到进一步的反馈，从而使得下次可以做得更好。读博时，我第一次申请奖学金没有成功，但是我从犯错中学到了很多，因而在第二次申请时获得了很好的结果。

如果你不懂如何发表论文，并习惯于接受正面和徒有其表的反馈，同行的评审流程可能会让你感到震惊。许多同行评审都是直言不讳，并且可能语气中充满了否定。不要让一轮负面评论刺激或阻挠到你。这是你第一次接触到给予（和接受）反馈的不同模式，因此不要因为你收到的评论中生硬唐突的语气而觉得你是冒牌的学者以及不属于学术界。你正处于学术生涯的最初阶段，一切都很正常。我读过一篇对一位世界知名学者提交的期刊文章的匿名评论，言辞极其恶劣，并且充满不屑。极富影响力的出版物在找到出版商之前被拒绝多次的案例也不计其数。畅销书《禅与摩特车维修技术》（*Zen and the Art of Motorcycle Maintenance*）曾被 121 家出版商拒绝。论一位有毅力的作者——还有他厚厚的脸皮！

审稿人可能会持有不同的观点，这使他们像你文章的潜在读者。要听取这些不同的观点。我经常听到研究生对着某位审稿人的评论生气，说一些类似于"甲审稿人是个浑蛋，他说的话我绝不会听"的话。也许甲审稿人确实是个浑蛋，但是如果你无视他的看法，那么你可能会错失一些深刻的见解，而这些见解不仅会让你的作品变得更好，还会增加你作品发表的机会。先把负面评论搁置几天，然后以全新的眼光去看待它们。你也可以与同事分享这些评论。这可能会令人尴尬和为难，但更多的高级教授可以在评论中找出有用的只言片语，不然这种评论就像是对一个人的人身攻击。不惜一切代价打消汤姆向编辑抱怨的意愿。编辑会同情那些自愿花时间修改向他们杂志投稿的人，他们一般会认为你的抱怨徒劳无益。

当你学会面对这一"新常态"时，一定要坚持不懈，不要灰心。对失败感到痛心将会影响你的判断，把你的注意力从你需要做到更好的事儿上移开，并且还会损害你重要的人际关系。

总之，为了在研究生院和学术界稳步前进，你需要习惯于把最大努力投入那些不一定能成功的项目中。学会坚持不懈地面对不确定性、失败以及否定是成为一名学者的重要因素。也许这会帮助你认识到，对于学者而言，批评也可以看作赞美的一种形式。一定程度的批评是一种微妙的尊重形式，表明你的作品严肃认真或者足够重要，因此才会得到回应。当你被一位特别苛刻的审稿人贬得失去信心时，一定要努力记住这一点。

38. 不体谅他人

一位研究生最近决定不再教她之前安排好的本科课程。

她已经找到不同的收入来源，所以她不需要这笔钱了。并且，她想专心写她的毕业论文。令人遗憾的是，该课程已经完全注册，并且需要在两天内开始。负责课程安排的教授直接被激怒了（说得委婉些），因为他现在必须在没有任何通知的情况下急匆匆地找到能够教授这门高度专业化课程的人。如果课程被取消，这些刚入学的学生的课程会陷入混乱状态，有些人可能无法按时毕业。

从教学任务中退出，这位学生精彩地展示了一个搞砸的简单方法。她想专心写论文的心情是可以理解的，但她同时又没有体谅别人，无谓地加重了别人的工作量和头痛程度。经常会碰到一些聪明的研究生不懂得体贴别人，这真是令人惊讶！我记得曾经有一位研究助理在任期内悄无声息地去坎昆（Cancun）度假。该研究生莫名其妙地擅离职守，使得一位不愿透露姓名的教授不得不批改本来安排给她评分的两百多份期末论文。她很幸运，度假回来之后没有被研究生院劝退。我曾经雇用学生做一些相对容易的研究任务，他们根本没有做到，这意味着我缺少推进研究项目和撰写文章所需的一些数据。

在学术界的声誉的重要性不能被夸大。你可以通过不同的方式评估学者的地位，例如出版物的数量、作品发表的期刊的质量、得奖情况、是否在著名委员会任职或是研究经费的多少。所有这些塑造了他们的专业声誉，这一声誉由他们的同人的非正式评价构成，而得到这些评价需要他们付出多年数不胜数的努力。归根结底，这种声誉是教授最重要的资产，因为其他的一切都取决于她在学术界的地位。好的声誉可以让教授们受邀参加著名书籍的编辑、资金申请的评估，以及增加他们所写的推荐信的分量。

研究生也在一步步地积累个人的专业声誉。当你处于一群聪明、有能力的学生之中时，拥有值得信赖、可靠和坚定的声誉可以帮助你脱颖而出。建立良好声誉的过程是循序渐进的，但它们能在一瞬间染上污点。

说明声誉的重要性不得不提到我认识的一位年轻同事，她几年前曾将同一稿件同时提交给两本不同的期刊，但是两本期刊需要同行审稿。这严重违反了学术协议。匿名评论依赖于学者们自愿花费时间评估原稿。学术界禁止一稿多投，因为审稿人已经花费了很长的时间审稿，如果允许一稿多投的话，同行审稿过程会压得他们喘不过气来。

一旦她一稿多投的做法被发现，两个期刊的编辑都会谴责她。她一开始得到的惩罚并不是太严重。消息不可避免地传开了，其他人，包括我在内，都知道了她违反学术协议的做法。她的声誉染上了污点，就是因为这点，她没能受到邀请参加一些理想的项目。刻意不让她参加会议并不是报复行为；会议组织者或编辑在编制一份潜在投稿人的名单时会避开她转而支持其他人，这才是报复行为。随着日积月累，这种排除行为的惩罚对一位相对低级的学者已经过度了，她在匆忙发表论文时犯了一个错误，一个让她后悔不已的错误。发生这样的事情的原因主要是学术声誉的重要性和脆弱性，以及污点很容易被传开并且越滚越大。

一直以来，学生的决定权全权由学院、辅导员和导师掌握。他们是否得到充分发展？他们应该得到奖励吗？他们能开始教学了吗？结果导致教师和行政人员经常谈论研究生。如果你散漫地对待你的专业工作，这些人无疑会听到些风声。所以，如果你乐于把事做好，那就认真地对待你的任务，并尽力做到最好。这种方法可以给我们带来无形的奖励，同时也可以给我们带来更多实实在在的好处。

学术界由一系列非常小的团体组成。在你所在的专业领域工作的人数不会像挤公交一样，甚至经常装不满一辆小公交车。决定招聘、晋升和教学的管理人员经常会联系候选人的学院里值得信赖的同事，有时候多年以前就已经征求他们对候选人的印象。如果候选人给被联系的人留下了考虑周到的印象，而且被联系人把这一点告诉了招聘委员会，那么候选人会走得顺利一些。如果他们记住的是学生戏剧性地搞砸了很多事，那么学生的声望就立即从"令人印象深刻"变得"支离破碎"，事情就不会进展得那么顺利了。

即便如此，也并不是所有加重别人工作量或头痛的事件都会被视为你没有体谅别人的事例。比如说，你或你身边的人生病了，你身边的人便不得不站出来顶替你。这种情况在生活中是不可避免的。当你犯善意的错误时，你并没有不体谅别人。但是，当有些人犯的错误合乎自己学的新的行业规范却不合乎例如女士优先这种深入人心的规则时，人们评判的结果可能就会不一样了。你要明白你的行为是如何给其他人造成伤害或者不便的。

39. 成为"那个"学生

当你读研时，小心不要成为"那个"学生——只谈论学位课程和研究的人，而谈论的内容并不是每一件事都那么振奋人心抑或是你学了多少东西，而是你忙得喘不过气来以及你感到多么茫然失措。如果你经常痛苦地提到自己的工作，过不了多久，你就会发现你的研究生同学不想再和你有任何关系，这会让你的读研生活难上加难。

"那个"学生是研究生院最常挂在嘴边的人物之一——此人也可能是初级教授行列中的某个人。这些人一直不停地说自己有多忙。最明显的是，他们这样做是因为他们就是很忙，脑子里全是工作。这样说话让人们——通常是无意识地——展示自己的专业形象，让听者知道他们是多么敬业。这种"忙碌的谈话"也是一种习惯性的谈话开场白，让人们通过诉说共同的痛苦形成凝聚力。

然而，这种话说得太多就会变得令人厌恶。虽然你可能很难理解为什么你承担如此沉重的工作负担，但是研究生院的大多数人都很忙，并且许多人比你更忙，他们只是不把它作为自己谈话的重点。因此，经常提到自己快要被工作压垮了只能收获到同情，再无其他。更重要的是，在一段时间之后，不断地强调自己的活儿多个没完会疏远你与同学的关系。没有人愿意和那些三句离不开"我真的是忙得不可开交"的人待在一起。

你可能也曾想要成为那个总是发牢骚的人。这些人不仅嘟囔着自己有多忙，而且还几乎嘟囔着——几乎没有止境——一大堆其他不满。最经常出现的牢骚包括资金不足啊，行政人员不称职啊，就业前景不好啊，有失公允啊，课程无聊又跑题啊，以及导师不管自己啊，等等。这些问题确实非常重要，但出现问题就要解决问题。需要再次强调，这件事的重点不在于某人的人格特性是爱发牢骚，而在于这个人社交的首要策略就是发牢骚。如果你想让学生和老师所有人都躲得远远的，那就成为这个人吧。这也是让自己变得悲惨的好方法，因为抱怨让你的坏脾气更加严重。

不断发牢骚的后果直接又惊人。我记得一位特别让人讨厌的初级教授。他经常提出不合理的要求，抗议微不足道的事情，在背后中伤高级教授。尽管有这些特质，但他是一位出色的课堂教师。当他被提名为"教学名师"的候选人时，一位一直听他不断抱怨的教师说："鉴于他一直以来的表现，就算我死也不会支持他的任何提名。"说这些话的时候，小心不要让这样的人在你身边。痛苦的人总想找人倒酸水，让自己暴露于这些源源不断的硫酸洪流中，这只会无谓地腐蚀你的好心情。让研究生院没有这等毒害他人的性格的人很难。

也不要做一个在充满问题的世界中只看到积极的一面的傻瓜。当你遇到不喜欢的事时，要培养一种张弛有度的性格，这样既不会疏远你与同学的关系，也不会让你在这个过程中经历不必要的痛苦。

40. 从不妥协

我看着伊丽莎白（Elizabeth）在一圈导师的门下周转，浪费了一年多的时间。由于坚持在她的论文中使用某条特定的理论，她不断地选导师、换导师。当某位导师告诉她这条理论不是解决论文主题的最好途径时，伊丽莎白就会放弃该导师，然后寻找另一位导师。直到最后，伊丽莎白都在无谓地坚持。加不加那一条理论，她的论文的意义根本没有什么差别，但是，坚持加上那一条理论违背了她的导师的意愿。她浪费了很多时间，并且疏远自己与那些能帮她写论文的人的关系。对于你是如何因为太固执而搞砸了事情的情况，这只是一个小小的例子。

你可能会认为你的论文将是你最重要的智力成果。事实上，不同的立场会对它的最终形态造成影响。为了达到别人的预期而对你自己的最初愿景做出一点妥协是一件很平常的事。抵制这一现实，并坚决不听那些可能引领他们在不同方向写作的建议，可能会让学生们饱受挫折甚至失败。

为了毕业，你必须让你的导师和委员会成员通过你的最初研究计划并在论文终稿上签名，然后你才能进行答辩。这些人不会轻易地接受你提出的或者你写的东西——如果他们这样做，你就不得不怀疑他们可能没有给予你的作品应有的注意。并且，如果他们推荐其他方式来解决你的研究以及为你的终稿推荐不同的理论视角，你也不要感到惊讶。起初，这样的建议可能会让人伤心，因为你觉得遵从他们的建议就必须做出妥协，从而不能完成自己想做的事。

在这里也是，用温和的方式解决问题才是明智之举。要坚信你的项目由你自己来做决定：你关心你的研究并相信你所写的东西。同时，也请认真听取委员会成员的意见。我记得有一位博士生，委员会强烈建议他分析一下信息技术在他正在研究的汽车制造工厂中的角色转变。虽然不确定这一点对整篇论文有什么重要作用，但他还是慢慢去接受这一观点。最终，他的论文中包含了关于该主题的精彩篇章，随后在著名期刊上发表，为他（成功）在招聘委员会上做研究报告打下坚实的基础。

当然，并不是所有的建议都很有用。大多数时候，我们鼓励研究生改变他们的论文是为了满足教师自己的特定利益。因此，不要听从你可能会收到的所有古怪的建议，因为这样做会破坏你思维的完整性，论文行文会变得不连贯。与同事一起协商，找出哪些真的有必要改以及哪些你可以放心地忽略。同时，请记住，阅读你的作品的委员会成员会把你的最大利益放在心间，而且他们比你更了解这一领域。他们希望你写出高质量的论文，然后在就业市场上占有一席之地。

如果你决定不按照委员会成员推荐的方向写论文，那么你就要做好准备在做硕士论文答辩或者博士论文答辩时，他会让你谈谈为什么没有按照他提出的路线写论文。归根结底，如果你在论文中添加某些主题，主要是为了满足一位委员会成员的要求，那么当你准备把论文转化为书籍或文章投稿时，你可以再把这些主题删去。

培养一种既乐于听取别人的建议又能坚持自己对某一项研究的观点的能力，会对你很有帮助。因为这是让你的作品在学术期刊上发表的必不可少的部分。

41. 八卦

我知道一位教授因为穿高跟鞋而获得了残疾人专用的停车位。她认为，作为一名高级管理人员，她的部分工作是展示权威，鉴于她很矮，这一点很难做到。为了弥补身高，她就穿高跟鞋，这使她走起路来很痛苦。所以——按照她的逻辑——她需要一个专门的残疾人停车位，这样她就不必摇晃着走很远的距离穿过校园。令人尴尬的是，该大学满足了她的要求。

　　大学校园里充满了形形色色的人，尽管大多数人不会无耻地操纵社会福利项目。从理查德·鲁索（Richard Russo）的《大学里的直男》(*Straight Man*) 到大卫·洛奇（David Lodge）的经典之作《小世界》(*Small World*)，表现了一种乐于取笑学术生活中的弱点的文学流派。鉴于学者们经常出现的奇特行为，这些作者从丰富的原始资料中提取了丰富的素材。

　　许多教授生活中的一大乐事就是讲述这些人的故事。正如我所强调的，这种对谣言的热爱部分解释了为什么学术声誉能这么快染上污点。任何事情的谣言，即使是千里之外的淫秽故事都能传播开来，也可能像传播……嗯，传播得像谣言一样快。

　　谈论朋友和同事很有趣，但要小心，不要成为一个爱说长道短的人。你能说什么，不能说什么，和哪些人分享，要有一套个人方针。考虑一下，如果这些信息一旦开始流传起来，有些人（包括你）可能会受到伤害。例如，你肯定想说你导师的闲话，但考虑到你的职业与这个人有紧密联系，那么这样做就会是一个巨大的错误。闲谈其他学生或教职人员的八卦几乎同样危险，因为他们是你未来的同事。

在互联网和社交媒体上八卦尤为危险，因为可能有数百甚至数千人几乎能立即阅读你的闲话，你永远不会知道你的消息会在哪里结束。当我在就业市场上找工作时，我在大陆另一头的一所大学面试一个职位。在回国的三十六小时内，我收到了一份关于我个人表现的"机密"评估报告，其中包括对我（可以忽略）的外表的坦诚评估。原来，其中一名委员会成员不能参加我的面试，所以她的朋友（也在委员会里）写了一份评估，并通过电子邮件与她分享。这封电子邮件被转发给另外几个人，他们又将这封电子邮件发送给了更多的人，其中有一个人是我的研究生院校友。邮件从她那里又落到了我的邮箱里。所以一定要小心。

所有这些都可能导致你觉得秘密在学术界很不保险，但这一结论是错误的。随着你工作的进展，你会对你的同事和学生的财务状况、家庭生活、精神和身体健康等方面有非常机密的了解。守住这些秘密，这样做才是正确的，因为有些法律不允许在不合适的圈子讨论某些类型的信息。你不会想让自己站在规定的另一头吧。

如果你有合理的理由与其他人讨论敏感话题，可以尝试在面对面时或电话会议上这样做，以减少你的评论走偏了的可能性。

42. 在社交媒体上口无遮拦

有一个直接把你的未来点着的好方法。有两位研究生参加了一次会议的主题演讲。在听主题演讲的同时，他们一直发出一些极度尖锐的推特文章，让外部世界不断了解这位演讲者，而这位演讲者是他们领域的领军人物。另一位了解他们的学生指出："他们可能会成为终生的敌人（如果主题演讲者有空搭理这两个微不足道的人的话）。"但那不是整件事情的结束。他们所在领域的一个重要研究中心的主任也注意到了这一恶劣的胡言乱语，并且开始感到担心。事实上，当与自己的研究生讲话时，他就把这些人当作一个反面教材。作为一名主任，他说，他不会雇用这种滥用社交媒体的人，而且大部分招聘委员会也不会雇用他们。其中一位发表该推文的学生实际上还希望能在该研究中心获得博士后职位。短短六十秒钟内，梦想就破灭了。

在另一所大学，两个类似的项目正在不同的学院进行，每个项目都旨在开发一个新的应用程序。当一个项目发布时，另一个团队的一名研究生转发了这个链接并且评论道："这不是早就已经完成了吗？"然后她的导师不得不去控制损失，因为评论不仅让他们的大学同事感到烦恼（该生可能还与此人合作，因为他们的工作领域很相似），而且还暗示了两个应用程序是相同的，而不是各自有价值的独立项目，这不仅贬低了导师自己的项目，还贬低了同事的项目。导师不得不把学生带到一边，劝她在社交媒体上说话时要"谨言"，不要"胡言"。

快速变化的社交媒体世界为研究生创造了振奋人心的机会，但也创造了很多让人犯错的机会。从积极的方面来看，许多研究生或刚毕业的博士生都会浏览像 academia.edu 和领英这样的专业网站。一些人拥有属于自己的发展良好的网站，以此展示正在进行的研究和教学，也许还会展示关于自己工作的博客。我在招聘委员会工作时，在减短名单和做出最终决定的过程中，我们非常注意不同申请人用的专业网址。

贯穿本书，我强调了成为你们院系、你们大学以及你们研究领域更广泛的学术界一分子的重要性，你可以使用诸如脸书之类的社交媒体与同事联系。同时，不能区别专业和个人世界的界限会很危险。在脸书上结交朋友时，要注意要不要添加你的导师和委员会成员。当你应该写论文的时候，你真的想让你的导师在脸书上看到你穿着睡衣懒洋洋地躺在沙发上过着"无忧无虑的日子"，吃着一碗又一碗的爆米花，放纵地看《与卡戴珊姐妹同行》（*Keeping Up with the*

Kardashians）吗？拥有分开的个人账户和专业账户是一种可行的解决方案，尽管有时确定研究生院中哪些人可以成为私人朋友可能会很难取舍。另一种方法是遵循墨菲定律：有些事一旦你在社交媒体上谈论，就一定会让那些你最不想让他们听到的人听到。找出这样的事，然后不要谈论。

敏感问题

有时一些极其敏感的状况会发生在研究生院中,例如一些涉及种族主义和性别歧视的棘手问题。如果你深受其害,那么你需要展现出足够的机智和成熟。

因为歧视的案例千差万别,所以就一件案例为你提出一套建议几乎是不可能的。如果你发现自己受到了歧视,请向老师们和同学们多多讨教,慎重地做出选择。即便没有直接表达歧视,仅仅是暗示也非常严重。你需要想想,通过采取不同的做法,你能做到什么,以及这些行动在短期和长期内对你是有利的还是不利的。

在你的感情生活里也会有敏感的事情发生。例如,研究生有时会与他们的大学老师甚至是导师产生恋爱关系。师生之间本身具有权力差异,并且研究生们最容易在这种关系中迷失自我,所以这种想法很可怕。如果你是导员或助教,你可能会发现与你带的本科生交往很让人心动。再次强调，虽然这种情况牵扯着巨大的权力差异，但是现在你已深陷于权力的洪流之中。不要再追求这种关系。这样既违背伦理，又可能对卷入其中的人造成伤害。除此之外，这样的关系也可能给你的声誉造成巨大而永久的损害。

另一种形式的敏感事件可能是与剽窃和不同形式的欺诈有关。明确建议你，不要做欺诈这类事，也不要在没有注明出处的情况下借用他人的文章。这是不诚实的，一旦被抓住，可能最终会毁掉你的学术生涯。

43. 以为大学比其他机构更具包容性

大学创造新知识并培养下一代学生和研究人员。这种崇高的理想掩盖了大学的种种瑕疵。因此，研究生院如果出现骚扰、种族主义、性别歧视或同性恋恐惧症等事会令人很失望，甚至是震惊。尽管如此，它照样可能会发生。社会上能出现的偏见，大学里也能发生。

更甚的是，大学在某些方面也可能比其他机构更激进。例如，大型院校可能会是公开的同性恋者更好的生存环境之一，尽管这一环境还未达到完美的程度。大学仍然经常把性取向正常作为评估流程和人员的隐含标准。但大学里公开的同性恋者并不显眼（很少有人会因为遇到同性恋学生和教授而感到惊讶），他们一般都会担心因性取向而受到不平等待遇。

你可能生长在一个排斥同性恋的环境中，或者是生活在一个同性恋者会受到迫害以及同性恋属于犯罪的国家里。如果是这样的话，校园里同性恋们的公开露面一开始可能会让人有点凌乱。到大学里重新考虑对这些事情的看法以及思考这些信仰的来源是再好不过的。无论如何，在现实生活中，因为性取向而歧视或骚扰他人在北美是犯罪行为，所以你必须遵守法律。

在不同的大学和院系，歧视的表现方式也会大不相同。例如，在过去的二十五年里，最鼓舞人心的成就之一就是高等教育女性化。在一些国家，女性目前已经是本科生的主体。与此同时，妇女在某些领域的代表性仍然不足，她们在教授和高级行政职位中所占的比例依然不足，尽管这种情况似乎正在迅速转变。

在课堂上，你可能会遇到不易发觉的性别歧视，例如男性学生更倾向于主导对话。或者，你可能会发现自己身处条条框框之中，在这些框架里，女人仍然不受欢迎，女权主义的理论被完全摒弃。我知道一件让人难以置信的事,有一个系因为不接收女研究生而受到指控,因此该系所属的副院长开始调查此事。当她向系主任询问这件事时,系主任告诉她系里之所以不愿意接收女学生是因为她们不能全身心地读研,还经常怀孕。系主任明目张胆地违法,不接收女学生,已经很让人震惊,更让人震惊的是,他说这些话时面对的就是(a)一位女性,(b)一位女性律师,(c)一位拥有博士学位的女性律师以及(d)一位拥有博士学位并且担任副院长的女性律师!

其他学生或教授的(各种形式和不同程度的)性骚扰还是未知的。再次强调,这一问题十分严重和棘手。如果你遭受性骚扰,请寻求专业帮助,并权衡使用适用于你的正式和非正式的行动方案。你可能决定将这种事态发展的影响最小化,提出正式投诉,更换导师,等等。你会发现,虽然自己没有一点儿错,但无论怎么做,都会付出代价。

类似的事也会发生在种族和民族方面。如果你出身于不同的种族——比如你是土著——你可能会发现自己在大学里格格不入。你可能会很快发现大学不尊重(甚至不承认)你的民族文化传统,并且可能很少有学生或教授与你有同样的文化传统。当然,许多大学的确有包容不同宗教传统的政策，所以如果你有特殊的宗教习俗、假期等需求，一定要让别人知道。

有些歧视的形式可能是带有攻击性的笑话，抑或是对出身于某一种族的学生能力的臆断。然而，在当代大学中，许多有关歧视问题的出现往往都围绕更大的体系方面展开——也就是说，该体系不承认或包容学生（和教师）可能不适合大学主流的职业文化和实践，因此他们最终遭到不那么明显的边缘化待遇。这种歧视看似不易发觉，但对变性的学生或身患不同残疾的学生来说可能十分明显，他们必须面对那些不适合他们的建筑与教学实践。

所有这些为我们提出了一个重要而又复杂的问题，即如何应对歧视。这儿可没有简单答案。为了保持现状以及不损害眼前的实际利益，你可能只是忽视这种情况，但什么都不做会让你反感自己，并且绝对什么也改变不了。除了这种方法，你还可以以个人或体制的形式抑或是两者兼备的形式做出回应。如果这个问题只涉及一个人，以个人的名义处理这个问题可能会更适合，那么你可以私下里（巧妙地）与该人进行交谈。暗示某人的做法带有歧视意味是一件很严肃的事，所以你要小心行事。如果你正批判的人不认同你对这种情况的评估抑或是开始反击——这种事一般都会发生，那么这样的探讨就有可能失控。

如果直接与此人对质风险太大，那就想想有没有可以利用的其他资源。你可以约系主任或研究生院院长会面。如果其他学生或老师也有同样的担忧，你们可以开一个小组会议。人多除了力量大，安全性也高。以一个团队的形式出现表明你不是一个人在评估这种事态。如果你不想和系里讨论这一事态，可以考虑联系一下大学的监察员办公室，人权、公平或安全信息公开办公室，或者学生主任。每个学校都有正规的"行政管理系统"，所以一开始就找最上层。记住，虽然大学行政人员有义务认真对待这些问题，但事态可能无法按你的意愿得到解决。

虽然与大学工作人员的非正式会谈可以为他们提供非常丰富的信息，但没有官方投诉，他们就不能对某人进行官方制裁。你可能需要在这样的投诉中表明自己的身份，这是你可能愿意也可能不愿意做的事儿。你也可能发现，"非正式"会谈很快会变得正式起来，因为即使提出指控的人只想随意地讨论一下这一问题，行政人员也会迫于法律原因对某些类型的指控做出回应。如果一开始你想要的就是在一个安全的环境下讨论这一事态，并且如果你不想让官方采取措施的话，那就找一个不会采取官方措施的办公室。在我的大学，你可以找安全信息公开和人权办公室。

如果事态与更广泛的大学政策和做法有关，那就考虑一下加入学校委员会和某些团体，与他人一起整顿这些问题。在本书中，我多次鼓励你参加委员会，就是因为参加委员会有利于促进事物朝着积极的方向发生改变。有时学生担心他们会给人留下满腹牢骚的印象。如果你以正直的人格魅力和很好的人际交往技巧避免这一风险，你就会被视为一位渴望让大学变得更好的人。

参加这样的团体能表明大学的多样性，用我带的一位研究生的话说："一所大学里包含着多所大学。"如果你受到边缘化和歧视的困扰，只要花点工夫，就有可能找到与你有同样担忧的导师和同学。为了满足变性人的需求，学校最近准备引进无性别浴室，这一举措是基层提出倡议取得成功的很好的例子。

这所大学看起来似乎是一个理想、开明的地方，但它并没有完全摆脱困扰其他重要社会机构的体制性不公正现象。虽然当代大学出现了很多积极的潮流和力量，但还有许多问题亟待解决。只要意识到这些问题仍然存在，那么在以开明为荣的机构中遇到歧视事件，你就不会感到震惊了。

44. 过早卷入维权纠纷

奥拉夫（Olaf）已经到了走投无路的地步，因此他提出人权申诉，称一位教授把他比作一条狗，并且说他年纪太大，不能读研。可以猜到接下来会发生什么。奥拉夫转了系，到另一个系里，他发现没有教授愿意带他。

他非常气愤，再次凭一己之力解决此事并开始绝食抗议，包括在学生会大楼外单独过夜，接受媒体采访，以及在线请愿，投诉系里不为他提供导师。

奥拉夫的情况很好地说明了研究生与自己的合法权益的关系可能很令人担忧。一方面，一旦被研究生项目录取，学生就会享有一系列权利，通常包括与教学或研究助理有关的就业权利、知识产权、出现纪律问题时运用的正当程序权等等。

另一方面——存在着两难境地——在生活中几乎所有的情况下，你会发现当你诉诸你的权利并寻求正式的法律援助时，只有当你与对立方不再有关系，才有可能得到令你满意的结果。如果各家公司希望在未来一起开展业务，那么他们很少会互相起诉。你不会因为不公平待遇而投诉你的配偶，如果你这么做，那就是希望很快结束恋情。在奥拉夫的案例中，我们可以想象没有教授会在系主任办公室外排着队说："请让我做他的导师。对，我知道奥拉夫起诉过他以前的系，并且现在正在绝食抗议，但我迫不及待地要与他密切合作。"

研究生院内的各种关系很正式，因为它们是由明确的规则构成的。同样，这种关系也不正式，因为高度个人化的评估会影响你成功的机会。虽然不正式，但可能非常重要。在奥拉夫的案例中，他可能有充分的理由感到委屈。但通过这种戏剧性的方式处理这件事，他完全破坏了自己与院系或导师建立起良好工作关系并获得强有力的推荐信的机会。

了解并适时地运用你的权利，但也要意识到诉诸这些权利可能带来的所有后果。你也不想赢得战斗却输掉战争吧。

如果可能，尽量避免陷入可能需要诉诸权利的境地。如前所述，断绝麻烦事的源头的简便方法是尽早并经常与你的导师会面，互相阐明双方的期望。

如果不幸，问题真的发生了，尽力不要让事态迅速升级。我有一位朋友负责整个学校的研究生事务，她每年至少处理两起案件，有学生一遇到阻碍就会立即向校长发投诉信。这是事态快速升级的教科书般的例子。校长当然不会亲自处理这件事，但是将不满直接撒到最高层领导的头上，你会直接表现出想让事态升级的不明智的倾向，惹恼本应该处理你的事务的人，并且表明你不知道如何在复杂的组织中解决纠纷。另外，即使问题被最高层领导解决，你也可能会发现做最终决定时根本没你啥事儿。

尽量在最低层解决冲突。你的合法权利在这里仍然可以发挥重要作用。例如，在与导师或系主任谈论麻烦事儿时，为了解决问题，有时可以无意地提一嘴："我一直以为该系在这种情况下需要做……因为这是（某一法律规定）要求的。"这会让所有人都知道你了解自己的权利，但不会做有可能自绝后路的事。如果你立即申请律师援助，就会发生这种事。

除非你了解他们，并且特别了解他们，否则你根本不能捍卫你的权利。研究生之间流传的关于他们权利和责任的传言和错误信息可能令人非常震惊。所以刚开始读研时，要先熟悉自己的权利，这需要你至少阅读一下大学为你提供的资源。如果有问题出现，请与那些旨在帮助你的校方人员进行非正式（并且保密）的会谈。监察员便是其中最重要的一位，他的职责是通过确保人们按规则行事来帮助解决冲突。在决定进行绝食抗议之前，先和他一起吃顿午餐。

45. 与教师坠入爱河

虽然很少有人能坦率地讨论这个问题,但研究生和教师有时确实会陷入爱河。我并不是在谈论骚扰或性侵犯,而是谈论情侣之间的两相情愿。因为参与者都是成年人,因此他们认为这种事儿属于私事儿,应该由他们自己解决。尽管如此,这些已然成年的人应该认识到教师与研究生谈恋爱的危险。

这样的恋情本身就存在着一个最根本的问题:教师要比研究生拥有更多正式和非正式的权力。甚至在表面上双方都很愿意,但问题会出现在这里:如果这位研究生本想拒绝这段恋情,那她又有多大的自由来拒绝呢?如果事情涉及导师和研究生睡在一起,这种权力的差异就会变得尖锐。

这种恋情使学生处于一种尴尬的境地,因为他们总是了解到通常不会与研究生讨论的内部知识和院系作为(和八卦)。对于这种特殊待遇,学生和教师可能都会产生不满情绪并提出申诉。比如我知道的一种情况,有位系主任和他的学生正在谈恋爱,他让这名学生知道了系里很多敏感的问题,并且暗示她可以在幕后不恰当地影响决策。

实际上,一段看似互相关爱的恋情可能只是用一种手段得来的,教师会用这种手段与易受影响的学生周旋。这让人们想起几年前在会议演讲中公开宣布她的性偏好是"研究生"的那位教授。

如果恋情继续发展，学生与系里各成员的关系也会发生改变。她的成果可能会染上污点抑或是被摒弃。人们可能会认为她之所以能发表一篇重要的文章，或者获得丰厚的补助，是因为她的恋情给了她不公平的优势。如果这种恋情没有好的结果，她就可能成为八卦和私下指责的受害目标，这种情况有时甚至还会持续几年。

由于这些原因，大学里很多人都认为应该完全禁止师生恋。所以抵制住诱惑吧。但是，如果你确实与某位教师开始有一些牵连，一定要立即采取措施控制局面。第一种方法就是你们两个都要去见系主任。你可能不会声张，但在当代大学里，守住这种关系的秘密根本不现实，不如直截了当地解决这个问题。

接下来，你必须控制任何利益冲突。教师不能称职地评估睡在他旁边的学生的成果。在你的综合考试委员会上，或者在你的论文委员会上，他无法评估你的学习成果。如果你与你的导师坠入爱河，你就必须寻找一位新导师。增加距离感进一步增加了所涉及的风险的数量，因为你们的关系让你不能与一位原本会成为自己的理想导师或委员会成员的人共事。正如我的一位同事的理智之言:"好导师难找,但哪里都能找到爱人。"

抱着不想宽容的心情,我想指出我知道几件学生和教师有一夜情的事,他们有的能够友好结束这样的关系,有的会演变成长期的恋情。大多数时候,学生最终都会感到被背叛、被剥削和被抛弃。这些情况极具风险,不幸的是,研究生承担了几乎所有的风险。所以,在教师队伍之外寻找你的情感寄托吧。

当你在研究生院施展才华时,你也会发现自己将会在权威中占有一席之地。你可能成为一名辅导员、助教或实验室主管。在这样的角色中,你必须小心,不要利用职务之便。你可能会觉得只是和学生随便玩玩儿,但对于学生或裁决委员会来说这已构成骚扰,同时这也会让你陷入被人操纵或勒索的境地。这些都是实实在在的危险,所以请让你与学生之间只存在严格的专业关系。

46. 欺骗和剽窃

在我的朋友莉安(Liane)读博的第二年,系主任把她叫到了自己的办公室。一位本科生读莉安的硕士论文时发现,这篇论文中有几段未标明出处的段落直接取自一位杰出学者的著作。莉安承认这是真的，但解释说这是一个意外的错误。在撰写论文时，她将其他人作品中扩展的摘录转化为自己章节的草稿，作为提醒自己结合这些作品的一种方式。当她修改自己的论文时，她忘记了这些章节，无意中把它们当成了自己的作品。她的解释并不重要：因为剽窃，她被剥夺了硕士学位，并被逐出了博士项目。

我不应该警告研究生关于欺骗的问题，但这种情况确实发生了，被抓住后，这可能是毁掉你声誉和学习生涯最快捷的方式。学者们严肃对待剽窃、欺骗和其他学术犯罪。教授们在他们的整个教学过程中都非常严肃。他们做了别人期望他们做的事，通常是以非同一般的标准做事，这意味着他们可以将欺骗视为对个人的侮辱。他们的悲悯适用于遵守规则的人。我的一个好朋友一直取笑我，说我浪费了整整一个周末来证明一个优等生的论文是剽窃的。因为文章的内容特别丰富，对于一个甚至还没有读过研究生的人来说，文章里的理论分析简直是妙不可言。我花了几个小时在图书馆里搜索资料，阅读文献，以找出他剽窃的作品的来源。结果证明他没有剽窃，他是一位真正有天赋的学生。关键是学者有时会不遗余力地查找和惩罚欺骗行为，因为它挑战了我们非常重视的东西。互联网、谷歌和各种论文检验服务使得检查学生的作品比过去更为容易。

剽窃是学术犯罪中最常见的形式。复制段落并将其作为自己的成果很容易。所有教授都有关于发现剽窃的离奇方式的故事，虽然这些剽窃在表面上很难看出来。以我为例，我曾经读过一篇论文，在像样的引言之后就进入了非常高水平的部分——非常精彩！它也让我感到似曾相识：这名学生直接从《纽约书评》（New York Review of Books）最近的一篇文章中摘录了部分内容。很明显，他不知道我订阅了这本杂志，更不知道这本杂志的作者理查德·罗蒂（Richard Rorty）是我最喜欢的哲学家之一。我让该学生在他的论文中解释一些更复杂的哲学概念。他羞愧地承认他剽窃了这些概念，然后与副院长进行了令人不快的会面。

我最亲密的同事之一也曾经标记过一篇包含她熟悉部分的论文……因为她是原作者！这名学生复制了他在网上找到的一篇论文的摘录。他不知道的是，那篇网上论文的作者实际上剽窃了另一篇文章，那篇文章中包含了我朋友的作品中原创的部分。

你需要确保你知道什么是剽窃、什么不是剽窃，因为它们的区别有时会令人感到困惑。据我所知，有一名本科生在两门课上提交了相同的论文，只是改了不同的题目。她的理由是她不是抄袭，因为这是她写的作品。该大学不同意，指出学生不能用同一作品在不同课程中获得学分。熟悉正确引用的惯例对于国际学生或那些可能从商业世界返回大学的学生来说尤其重要，因为商业世界可能有完全不同的引用传统——或者不引用的传统——视具体情况而定。

硕士和博士论文现在都是以数字化形式存储，而且可以在线访问，这一事实不仅为剽窃创造了新的机会，也为发现剽窃创造了新的机会。过去，提交给图书馆的论文会因为被忽视而书页泛黄，落满灰尘，现在人们可以找到并阅读你的论文。这很好，除非你有过抄袭。如果是这样，那么会有更多的人发现你作弊。这通常是偶然发生的，但在一种"抓到你了"的新闻文化中，随着一些毕业生在他们的职业生涯中取得进展，一些人会找出他们的论文，希望挖掘出丑闻。我们已经看到过这种情况发生在从事政治或法律工作的人身上。

你做错了事，如果幸运的话可以得到从轻发落，但是欺骗导致的非直接后果可能会让事态再次严重起来。我记得一个研究生，她的综合考试包含了别人作品的几个部分。当她注意到这一点时，她说她交上来的文件实际上不是最终版本，只是一份初稿。没有人相信她，但她没有受到严厉的惩罚，只能重新考试，不过有几位教授从她的委员会辞职。直到今天，人们还在私下里说她作弊。所以请再一次认识到学术声誉的重要作用。

复制他人的作品只是学术欺诈最明显的例子，其他的还包括没有划清让别人修改你的作品和成为主要作者之间的界限。对于用英语写作困难的学生来说，这样的做法尤其诱人。

欺诈还可能包括声称收集了从未收集过的数据，或做了从未做过的测试，或操纵统计数据以表明没有实际意义的发现在统计学上是有意义的。这种活动可能很难发现，所以想象一下，当一个学生在答辩中描述老鼠细胞的图片，被一个委员会成员指出这些细胞实际上是鹿细胞时，这位学生是多么惊讶。如果你被抓住参与了这类欺诈行为，可以预料到你的职业生涯会突然结束。如果你不得不依赖于欺诈，那么无论如何你都是在追求错误的职业。

如果你做了坏事，承认它，悔悟，并向有关各方道歉。为自己的错误承担责任可以大大减轻你可能受到的惩罚。

这就结束了吗？不，还要收尾

研究生教育的结尾令人好奇。时光飞逝，但时光似乎也会永远持续下去。当你完成论文并朝着下一个职业目标前进时，你需要做的工作会越来越多。在急于完成的过程中，一定要评估一下，处理好简历中任何未完成的部分，并为你的未来做计划。

确保你已经完成了所有的毕业要求，这些要求中最重要的是论文本身。它通常会涉及更多的部分和比预期更长的时间线。在你完成论文的最后冲刺阶段，一定要为正式答辩做好准备。这可能包括找到一个合适的校外主考官，并准备在你的口语测试期间尽可能最好地展示你的研究。

现在，关于你接下来要做什么的问题变得迫切但又有预兆。如果你遵循本书的建议，你应该发现自己在大学或者私人、政府的研究领域都能找到工作。充分利用机会，深入了解你将要进入的研究和教学的真实世界。

你接受研究生教育的时间可能会提前结束,因为你必须退出或休假去处理个人事务;或者你在研究生学习的经历可能会告诉你,研究人员或学者的生活不适合你;或者你的学术履历会把你放到自己并不感兴趣的学术职业上。在这种情况下,明智而体面地承认,放弃你的研究生课程,没有完成学位是你的正确选择。我知道很多人刚辍学时很苦恼,但是多年后,他们完全不会后悔自己没有成为学者。

47. 跳过求职演讲

新教授的招聘流程通常要求最终候选人名单上的三到四名申请人公开向系里展示他们的研究成果。作为一名研究生,你会遇到宣传这些工作谈话的海报或信息。不参加这些活动是限制你在就业市场前景的好办法,因为你会错过重要的实践课程,这是学术生涯中最重要的时刻之一。所以,如果你想把事情搞砸,就不惜一切代价避开它们。

我们有许多极好的理由可以略过它们:它们会占用你本来就很忙的时间;这个话题通常与你的研究兴趣无关;这项研究可能会基于你不喜欢或不了解的方法或理论框架;听众

提出的问题可能与你刚刚看到的谈话没有多大关系，反而会与提问者自己特有的学术兴趣紧密相关；或者，这些"问题"将涉及一位教授发表他自己的小型演讲；此外，由于你经常参加会议，你对做报告很熟悉。

然而，那些渴望做好的人，会看到过去的这些刺激因素，认识到参加工作谈话的价值。首先，会议演示和工作谈话是不同的东西。除非你同时参加二者，否则你将无法掌握它们之间重要的区别。工作谈话，就像学院里的许多活动一样，是一系列带有模糊期望的表现。作为演讲者，你的本领在于如何以一种让自己的专业知识和个性表现出来的方式来满足这些期望。

到工作谈话上去了解脚本和求职者如何改变脚本。设身处地为求职者着想：你会以同样的方式展示你的研究吗？或者你能想出更好的方法吗？演讲者是否吸引了听众的注意力？如果是这样的话，如何吸引的？求职者是否使用了视觉辅助工具？如果是的话，这些辅助工具对演讲是有利还是有弊？你会如何回答演讲者提出的问题？虽然把自己想象成一个申请人会让人感到害怕，尤其是当你作为一名研究生开始工作时，你应该预见到即使在最早阶段你也可以应对一次工作谈话。如果你不参加谈话，那就很难做到。

会议主要是展示研究成果，但工作谈话的范围要广得多。在一份工作介绍中，系里的成员试图设想让你在部门工作多年。听众把你当作研究员、老师、同事、潜在导师和部门员工来评估。令人印象深刻的谈话会让你大概看到这些身份特征。

工作谈话通常包含四个部分：个人介绍、研究报告、前瞻性结论以及问答时间。

当你参加工作谈话时，首先简要介绍一下自己是个人还是学者。说明你是如何对你的研究领域感兴趣的，以及你在当前项目中所做的一些工作。如果你在高品质的地方出版过作品或获得了"最佳研究生论文"奖，请提及此类荣誉。你正在推销自己，所以一些自我抬高的话既是可预料到的，也是可取的。

研究部分是谈话中最重要的部分，但你可能只有三十分钟的时间来概述这些信息。半小时太短，无法全面概述一个人的论文，但许多申请人错误地试图涵盖所有内容，结果是一场气喘吁吁的谈话，里面塞满了大量的细节。相反，你应该强调你的谈话只是集中在你的大项目中的一个片段——可能就是一个章节。简要概述你的研究方法和理论框架，并提出一个特定的数据或论点——理想情况下——最令人激动或最新颖的点。

谈话的结尾应该讨论你的研究项目的方向。每个人都知道这不是一项捆绑式的合同，你的兴趣和项目是可以改变的。尽管如此，表明你考虑的是长期目标仍然是明智的。事实上，为了在一些大学获得终身职位，教授们必须证明他们从事的研究超出了博士论文的范围。所以在工作谈话中，明确自己的方向也是很有意义的。此外，最好具体一点，确定你计划建立的合作类型、你的目标期刊以及资助你工作的机构。随着资金越来越紧张，部门希望看到申请者已经在考虑寻求额外的资助。

试着尽早完成你演讲的脚本部分。吸引人的地方要多，因为你有很多东西要讲，如果你提前一到两分钟讲完，听众会很感激。

最后，也是最令人生畏的工作谈话的一部分——问答时间。每个人都担心这些问题，但这些问题很少是怀有敌意的。该系正在推销自己是一个工作的好地方，所以教职人员不希望显现出敌意。你仍然可能会被问到一些让你头疼的问题，这也是你为什么要参加别人的工作谈话的一个重要原因。观看演示时，请注意演示者如何详细阐述他们熟悉的话题以及解决问题的技巧，因为这些问题可能没有最佳答案。

如果你正在参加工作谈话，不要害怕提问。如果你这样做了，确保它是一个诚实的问题，而不是试图摆姿态或阻碍应聘者。那个人在那儿是因为系里正在认真考虑雇用她，所以教员们不希望他们的研究生显得自命不凡或惹人讨厌。此外，很可能至少在房间的一些人会把这位求职者视为他们的首选。问一个听起来像是蓄意破坏的问题，可能会让这个系里之后的关系变得很难受。

仔细审视谈话。演讲者是阅读她的演讲稿还是用少量的笔记发言？她是否环视房间并与观众产生眼神接触？她是站着还是坐着？她是否提到她的研究与该系其他人的研究有何联系？这样的细节可以承载巨大的砝码。要了解其他人如何解读这些细节，请一位友好的教授告诉你他对这次谈话的真实印象，他所关注的事情可能会让你感到惊讶。

注意求职者是如何表现自己的。研究生们在求职面试时为着装而烦恼，这很可能是因为他们觉得在一个开放的过程中，这是他们能够控制的一件事。当我在找工作的时候，我问我的主管我是否应该剪掉我的马尾辫。他睿智的回答是，如果一个部门因为一些像我的发型这样的小事而不雇用我，我可能不想在那里工作三十年。展示一个相当专业的自己。你可能不需要买三件套的西装，但需要明智地用正装鞋子代替凉鞋，至少应该暂时收起那种极端穿孔的鞋子。

工作谈话提供了对各种学术问题的集中见解。事实上，这是一个很好的教育机会，如果你的系里不招人，你应该试着去相关的系参加这样的谈话。

你也可以了解申请系主任或院长职位的人进行的公开谈话。然后，找时间参加。这里的目的并不一定是要设想你将如何做这样的演讲，而是要接受大学管理方面的强化教育。作为一名教授，你将同时在一个学院（比如说艺术学院）以及一个系（现代语言系）里工作。作为一名研究生，你对这些部门面临的"大问题"接触有限，因此，让自己意识到它们是如何管理的以及它们面临的管理挑战是很有用的。

48. 期望在特定大学找到一份工作

在研究生学习和毕业后规划职业生涯，尤其是教授职业，可能涉及复杂的地理问题。你想住在哪里？为什么？你有多少选择？你选择的研究生项目可能是在某个国家的某个地方，或者另一个国家，那里可能不是你的首选居住地。如果你和恋人正处于一段认真的关系中，这将使事情变得更加复杂。

在考虑攻读博士学位时，要意识到，你可能需要搬到其他地方，而这些地方可能不是你的首选居住地（或者，如果你正处于一段认真的关系中，你的伴侣是你的第一选择）。在你的专业领域，每年都会有相对较少的学术职位出现。这些工作可能会让人产生激烈的竞争，而且它们会遍布全球，甚至分布在不同的国家，所以请认真考虑在你的祖国以外存在的机会。你要花很长一段时间在一个地方安顿下来读博士，然后你就得收拾行李搬家。如果你正处于一段认真的关系中，让你的伴侣做好面对现实的准备，并讨论住在什么地方可能对你俩都合适。我和妻子都想留在加拿大西海岸，但她的工作技能相对较好，而且（让我永远感激）她很支持我，准备搬到我工作的地方去（尽管她对一些地方拥有否决权）！幸运的是，尽管最终我在一个远离我们深爱的不列颠哥伦比亚省海岸线的城市找到了工作，但就居住地点而言，它几乎是她的首选。我们相当幸运，因为我们有一些选择。你可能只会在你的专业领域找到一份工作，幸运的是，无论它在哪里，你都能得到这份工作。

当你正在寻找一个终身职位时，博士后奖学金可以提供一个关键的过渡期。博士后是指从事研究和教学的学术职位，通常持续一到两年。它们在某些学科中很常见，而在另一些学科中则极为罕见并且具有竞争性。如果你对博士后感兴趣，你需要在你的博士毕业前申请，以便在此期间打听博士后的机会。像终身职位一样，博士后通常是在与你完成博士学位的大学不同的大学获得的。

如果你的伴侣也是研究生，当你们都进入学术就业市场时，生活可能很快就会变得复杂。一对夫妇同是教授，试图在同一地点找工作，是学术生活中常见的问题——事实上，这个问题很常见，以至于它有了一个名字——"两个人的问题"，而且可能需要几年的时间才能解决。如果你的伴侣是一位学者，在你得到一份工作之前，不要公开这个事实。有时候，给你们中的一个提供工作的大学也可以通过配偶雇用的方式为另一个人安排一个职位，但这并不能保证。录取你们其中一个的大学可能无法为另一个人做出合理的安排。

学术部门也很少聘用自己刚刚进入教授就业市场的学生，尽管他们有时也会雇用自己在另一所大学做了几年甚至更长时间的终身教职的博士生。在另一所大学当了三年教授后，我的博士学位所在的系最终给了我一份工作。我知道有很多类似的案例，包括我的一个博士生。

这里的底线是，当你考虑博士学位和学术生涯时，要意识到你面对的是一个复杂的、有时是困难的、关于你最终将生活在哪里的选择。专业学者和研究人员在全球劳动力市场工作，了解你的非固定性是很重要的。

49. 指望别人会雇用你去教授自己的论文

可以预见的是，博士生会把大部分时间花在研究上。说得好听点，你对越来越少的东西了解得越来越多。如果你想在就业市场上度过一段艰难的时光，那就专注于你的研究专业，不要把工作和更大的学术问题联系起来。这样一来，你就会被认为过于狭隘，无法满足系里更广泛的需求。

学术就业市场就是这样，作为博士，恰好在你的研究领域得到一份终身教职工作几乎不太可能。因此，在你攻读博士学位的早期阶段，你就要开始考虑如何在未来的道路上把自己塑造成一个能被就业市场公认的缺口人才，最好是一个招聘人数合理的缺口市场。浏览招聘终身职位的广告，问问自己：我能申请哪些职位？我如何调整我在博士课程期间所做的工作，以便广泛适用于那些常年招聘的终身职位的类别？从市场的某些缺口考虑，可以帮助你决定向哪些期刊投稿，在哪些会议上发言以及教哪些课程。然而，不要让就业市场定义你。寻找你热爱的研究兴趣，但要务实。一旦你得到了梦寐以求的终身教职，你就能更自由地决定自己的命运，定义自己想成为什么样的学者。

不幸的是，从事最有趣、最原创性研究的学生有时会在就业市场上遇到困难，这恰恰是因为他们不容易适应现有的学科类别或子类别。你应该继续进行创新的研究，但要足智多谋，并密切关注你将定义自己为什么样的求职者。例如，除了你的主要研究之外，你可能还希望撰写会议论文和发表作品，以至于可以有其他方式来定义自己。

虽然你不想在博士期间教太多的课程，但当院系在评估你是否适合时，你教的课程可能会成为一个评估点。如果你能证明你是一位多面手，并且有丰富的教学经验，那么这肯定会让你成为一个更有吸引力的人选。比如，作为社会学博士，我决定推销自己为一名犯罪学专家，因为总是有大量的犯罪学工作机会。我知道那些能够教授广泛的犯罪学调查课程的人受到追捧，因为高级教授并不总是喜欢教大型的入门课程。表现出对该领域足够的精通来教授这门课程，将帮助我被招聘委员会定义为一个犯罪学家，所以这是我教的第一堂课。

同时，我研究的领域的一个重要分支是保险行业的社会学（我知道，这令人着迷）。我万万没想到会有人登广告招聘像保险社会学家这样专业而又默默无闻的人。对我来说，设计和教授四年级的保险社会学的课程可能会很有吸引力（学生是否想要，这是另一个问题），但这一策略很糟糕，因为这可能使我的早期课程很狭隘，没有学生愿意听。

50. 对找工作的机会视而不见

在读研期间，你可能会收到一封电子邮件，通知研究生自愿加入求职委员会。看到这个消息的时候，你肯定会很忙，而且可能根本不了解加入委员会意味着什么。所以你会直接忽视它，并转头去做其他的事情。这种反应是错误的，因为这样你可能会错过整个研究生生涯中最发人深省的过程。

当你们院系想聘请一位新教师时，系里会组建一个委员会来监督招聘过程。该委员会由一小组教员，也有可能是一些管理人员组成，有时他们还会寻找一位研究生代表。如果是这样的话，那么你绝对想要加入该委员会，即使宣传的这份工作与你的专业无关。为什么？加入招聘委员会会立即让你成为一名内幕人员，让你看透学术招聘过程中一些不为人知的神秘的一面。

招聘委员会会执行许多不同的任务，这个过程中的每一步都会让你深入了解学术生活的现实意义。例如,在这个过程的最初阶段可能会有一个院系见面会,这时老师们会讨论他们想招聘什么职位。仔细听,你会了解到很多有用的信息,如你的学科可以代表其领域和子领域的哪些职位类别,以及这些领域是如何映射到就业市场的。

求职申请送达委员会后,委员会会对其进行筛选,并选择大概三个人进行面试,面试通常在校园内举行,有时也会在某个重要会议上进行。你会阅读申请信、简历、介绍信、教学档案或者一些候选人发表的文章。更重要的是,你会与其他委员会成员讨论这些文件,或者至少可以听他们讨论。这种交流是具有启示性的。你将直接了解到聘用教师时委员会看重什么、不看重什么,并且了解如何撰写和解读申请信和介绍信。

通过参加面试和观察求职演讲,你会获得很多内部知识,比如候选人被问及的问题类型以及他们是如何回答的。在随后与委员会成员的讨论中,你还会了解到很多关于人们在面试和求职演讲中的表现会如何被解读,了解到委员会对系里的不同成员的性格与专业性以及所在专业的政治性有什么宝贵的洞见。

当然,所有这些都需要花费时间。如果你有幸加入招聘委员会，那么这将是你在研究生院度过时光的最佳方法之一。

51. 不看其他人的论文

论文——不管是硕士论文还是博士论文——会很可怕。其中一个原因就是对未知的恐惧。你甚至可能从没看过论文，更不用说写论文了。

通过阅读几篇论文可以解决这种情况。大多数院系都会有以前的学生写的论文副本，或者你可以通过图书馆的电子档案找到它们。如果可能的话，请阅读你的导师以前的学生的论文，尤其是那些比较成功的学生，例如已经找到好工作或继续攻读博士学位的硕士生，或者已经获得终身教职工作的博士生。不要担心成为你所读论文研究领域的专家。相反，请关注文章的书写方式。

你在研究生院里读到的大部分学术著作——书籍和期刊文章——都经历了多次重写和编辑。不要把它们当作自己写论文的模板，因为很少有论文能达到专业水准。你应该阅读别人的论文，然后问自己几个问题：引言写得怎么样？论文框架如何？作者试图在结论中达到什么目的？写作和引用的水平如何？这将教会你写论文应该达到的真正标准。

52. 选择校外评审专家

博士评定委员会主席宣读了外审对弗莱彻（Fletcher）论文提出的第一个问题。弗莱彻专心地听了问题，愣是憋着没笑。

不过，后来他还是有点慌了。

这个问题是用英文提的，其中提到了一些常见的学术概念，但措辞让人摸不着头脑，里面瞎扯了一堆乱七八糟的学术语言，弗莱彻听得忍不住咯咯笑了起来。尽管这是一个完全"不知所云"的问题，但想到自己还非答不可便笑不出来了。他正在进行博士学位论文答辩——他研究生生涯的顶峰——但整个事情可能会因此功亏一篑，因为他的导师在无意中选了一个"奇葩"作为他论文的外审专家。好在弗莱彻看了看屋里的其他人，对于这个诡异的问题，评委会委员们同样都丈二和尚摸不着头脑，不过他们都很理性，不会让这个"奇葩"的评价影响后续的评定流程。

当快完成博士学位时，要把论文交由导师和委员会成员进行审阅，然后从他们那里得到反馈。因此，外审专家是拿到学位的最后一道关卡。

外审专家（或"外审"）是对你的论文进行独立评估的

一位教授，他将确保你所属的系在授予学位时没有猫腻。虽然并非所有的大学都会将学生的论文送去外审，但大多数学校会这样做。

有时候外审专家是另一个系的，有时是其他大学的。可能的话，外审专家还会出席答辩，也可能是提供一份有关论文的书面评价，并附上她想问你的任何问题。新通信技术可以让身处远方的外审专家通过视频会议的方式轻松地参与到博士论文答辩中来。

选择外审的官方方法和个人方法因学校和系的不同而不同，就好像博士生在此过程中是否有任何私下联系外审的行为一样是因人而异的。担任外审的教授须在自己的研究领域做出过重大贡献，并且具备评估研究项目的学术价值的能力。一般来说，这个人应该是一位资深人士，拥有指导门下研究生的经验。同时，她必须能够独立进行决策，而不受到你或你的导师的影响。她不能是你或你导师的好朋友，也不曾直接与你们任何一个人打过交道。这种"独立性"要求会造成很大的风险。如果外审专家必须是你和你的导师完全不认识的人，那么你可能就会发现自己像弗莱彻一样，徘徊在一场灾难的边缘。

要求外审专家不曾直接与你或你的导师合作过的规定是

合理的。但确保导师认识外审专家,只不过他们并非好朋友,而是作为学术大家庭的同行,这也无可厚非。如下几个理由:首先,在评估别人的论文时,即使头脑冷静的人也会变得不可理喻。有的外审专家总是想严肃地批评论文,但如果你的导师和她是学术同行的话,那么你被有失偏颇的言论弄得措手不及的风险就会降低,因为外审专家也不希望她的同行们觉得她不可理喻。

不过,找到这样一个人也并非易事。如果你的导师非常优秀,并且你研究的学术领域不大,那么她就可能会认识很多从事你所在领域研究的人。这样难免就会发生悲剧,遇到完全陌生的外审专家——她可能发表过很多学术成果,但你和你的导师并不了解她本人。尽量避开这种人。像其他机构一样,大学也拥有一定比例的疯子。如果外审专家是完全陌生的人,遇到"奇葩"的风险就会很大,并且她还不负责任,但对你能否拿到博士学位起着决定性的作用。

你和你的导师应该列出一份适合当外审专家的人的名单,找那种你的文章被他阅读你会觉得荣幸的人。他可能是你敬佩的杰出学者,抑或是在学术圈有影响力的人。博士学位答辩是一个展示和推销自己的机会。如果你给她留下深刻的印象,她会记住你,并且将来可能会给你提供出版或研究机会。比如，我带的一些博士生在答辩时给人留下了非常深刻的印象，于是他们请求外审专家为他们写一封求职推荐信。我的外审专家帮我写了一封推荐信，这封信帮助我获得了我目前的工作。我的一名学生还收到了外审专家为其提供的博士后奖学金。最后一个例子不多见，但它突出了明智地选择外审专家的重要性。

最后，不要选择一个在某一理论或专题研究的世界级专家作为外审专家，除非你非常精通这个领域。此外，如果你的研究还会影响到之后的奖学金评定，务必避开"奇葩"的外审专家。教授在评定学生的学术成果时渴望给予客观公正的评价，但他们也是人，他们会捍卫自己的研究成果。所以，要避开过分敏感和情感受伤的外审专家。

53. 对最后阶段一无所知

你的研究生生涯将如何结束？答案十分简单粗暴。当你做完了所有的分析，进行了答辩，就结束了。实际上，论文本身的一系列外在因素通常会影响论文完成的时间和方式——我称之为研究生的冲刺阶段。

完成论文的最大因素通常是想要在某个日期之前完成。

学生希望在某一时期进入就业市场，否则他们可能会漂泊待业，或者无力支付另一学期的学费。最近，我的一个学生有望获得一份有名的博士后奖学金，前提是他要在特定期限之前拿到博士学位。他计算了时间，然后意识到他必须狂写几个月的论文才能在截止日期前交上去。没有事情像截止日期那样让他如此精神集中。他在截止日期前几天提交了终稿（也就是大学放寒假的前一天）。每个带研究生的导师都有一些有关学生赶截止日期的故事——有一些赶上了，但大部分没赶上。

如果最后期限之前完成任务对你来说很重要，但不进行了解便计划着怎么赶期限，无疑会搞砸你的整个计划。

对于硕士研究生来说，这个过程并不复杂。你将完成的论文终稿交给导师，让她阅读。如果她认为需要修改，那你就修改以后再交给她。当她认为你可以参加答辩时，你再把论文上交给答辩委员会成员审阅并确定答辩日期。但是整个流程会因委员会成员的偏好而有所不同。比如，有的时候学生在上交论文给导师修改的同时也会抄送一份给答辩委员会。你应该和导师事先商量好，确定在哪一个时间段上交论文的哪一部分内容给她审阅。

如果是博士论文的话，情况会更复杂一些，时间也会更久。下面是一个模拟的论文完成时间表，从学生完成论文（或者是她自认为论文完成）开始算起，到实际答辩和提交最终的正式文本为止。这是一份精确的时间计划，但你也可能会因为导师和委员会成员阅读论文的速度、反馈回来的评价、你要修改的程度（和要修改的次数），以及你学校的具体规定等，导致你的进度或快或慢。

博士的最后阶段

任务	时间分配（周）
上交论文的最终版本（你所认为的）给你的导师，导师将阅读你的论文，然后决定是否可以交由评审委员会审阅	3+
如果导师将论文返还给你，说明你还有需要修改的地方。然后按要求进行修改	1~4+
将修改后的论文上交导师，由导师决定是否递交评审委员会。导师再次阅读论文并提出进一步的修改建议	2
修改完成之后，将最终版本递交评审委员会成员审阅	1
委员会成员阅读这篇论文，并决定你是否可以参加答辩	3+
如果委员会成员将它还给你，说明你还需要进一步修改论文。你按要求进行修改之后，将论文再次递交委员会	2~4
委员会成员阅读完修订后的论文，并确定你是否可以参加答辩	2

续表

任务	时间分配（周）
委员会同意你进行论文答辩。如果你的大学要求论文由外审专家进行评估，这时候便可以私下与外审专家进行接洽	1
向学校管理部门提交正式的外审申请	1⁺
管理部门将对外审专家的资质进行评定	2
外审专家（你希望的）通过批准并正式应邀担任审查员。外审专家接受了这项工作	2
接着你把论文提交给外审专家和委员会的其他成员，他们将阅读你的论文	4~6
安排答辩时间	1⁺
论文答辩。按要求完成修改，将最终稿连同纸质版论文上交给图书馆	1

这个流程以你将论文终稿递交导师为起点。许多学生误以为到了这里就快要结束了。

其实这个时候，你的导师可能只看过初稿的几个独立章节。这将是她第一次从头到尾地阅读你的整篇论文。要明白她需要一定的时间来读完纸质论文，并给你提出一些实质性意见。教授们都很忙，没有大量空余的时间来阅读论文。事实上，我觉得几乎没有比那种平时几个月甚至几年都不露面，忽然拿着一堆几百页的草稿来让我读的学生更让人生气了。

由于这是你的导师第一次看你的整篇论文，你应该期待她会提出一些修改建议。这些建议很关键，你可能需要大量修改论文的分析或论据部分，但也可能是修改一些有关连贯性和写作风格的小问题。无论哪种，修改就好。

你的导师可能会为了确保论文的精确性而让其他学生复核你论文中出现的数据。如果是这样，这个过程会耗时更久。

你修改的速度可能很快，但也可能要花上几个月，这取决于你要修改的内容。一旦修改结束，便要将论文交给导师，由导师抽空阅读并给出评价。她可能还会让你进一步修改，如果没什么问题的话，她会统一将论文递交至评审委员会（一般是其他两人）。

评审委员会也需要时间阅读论文，并且可能会产生新一轮的修改。因此你将再次进行修改。评审委员会的成员在签字前，还会再次审阅你的论文。（就硕士论文而言，这一整个流程可能会因人而异。在某些情况下，博士评审委员会成员可能会在进程的早期阶段便阅读部分章节。）

如上所述，一旦评审委员会同意进行论文答辩，就需要选取外审专家。如果你有中意的人选，你的导师或系主任很可能会私下联系她，了解对方是否有当外审专家的意向。如果她同意的话，学校管理部门会正式任命她为外审专家，无非就是整个流程花费的时间更久一点。(有一个让我难忘的事例，当时仅仅是为了确定一位外审专家就花了我几周的时间，因为他必须提供一份本人最新简历的副本，但里边有一些内容他好些年都没更新过。)

然后你将论文提交给外审专家和评审委员会其他成员。外审专家有四到六周的时间来阅读论文，并给出一份书面报告。

现在可以计划答辩了。这可能是整个过程中最恼人的部分，因为很难找到一个多数教授都有空的时间：著名学者在几年前就有活动预约好了；当你想要答辩时，一些评审委员会成员可能在休假。由于教学任务、节假日、生病、产假以及其他一系列惊人的安排都可能会给安排答辩的时间造成困难。你还要做好更坏的准备，原本每个人都有空的日期可能会推迟到以后。

关于答辩，审查员可能会让你在提交给学校图书馆之前，需要对论文进行一些小的改动。你可能还需要根据图书馆的规定，对整篇论文的格式进行重新排版。不要和自己过不去，从一开始便按照要求完成论文，这样做最终会为你节省时间。

现在你可以将最终的论文附带纸质版，按照学校管理部门的要求，交到图书馆。恭喜，现在你完成了你的论文！

上面的时间表应该是一个很好的模型。咨询你的研究生负责人，为你的答辩流程创建一个类似的图表。如果你想在某个特定的日期进行论文答辩，那么可以通过反推来确定你何时把论文交给导师，何时启动答辩流程。

如果没有详细的计划和切实的时间安排，你一定会逾期。或者你会发现自己慌慌张张地赶时间，进而又引发其他问题。匆忙往往导致马虎，因为学生常常以牺牲论文分析的质量和写作水准的代价来争取按时完成。

在此过程中，推迟固然令人沮丧，但你也可以将它视为一个契机。在这个尾声阶段，别人研读的时候论文并不在你手上，所以你应该合理地使用这段时间。比如做一些教学活动，回顾目前跟论文无关的研究或者写一些补充材料，这些资料不在论文里使用，但可以作为发表期刊文献的素材。

54. 对答辩漠不关心

最近，我有一位学生从海外回来进行博士论文答辩。她提前几天就到了，但没有和我见面。直到答辩开始之前，她才和我交流，所以她不知道外审专家没有出席，但对她的论文提出了一份书面评价，而这份评价将对她答辩中的人际关系向产生深刻的影响。我的学生也准备了一段很长的开场白，但在答辩开始前大幅度地缩短了长度。以这种漫不经心的态度对待论文答辩确实让人有些惊讶，但并不是只有她一个。学生总是担心他们的论文答辩，但大多数人并没有做好充足的准备。

至少你该和你的导师、研究生负责人交流一下，了解一下答辩程序。要知道，评审委员会的成员既要看你的论文写得怎样，也要看你的口头表达，所以你必须要通过这两关才能拿到学位（硕士或博士学位）。获得研究生学位——尤其是博士学位——能在一定程度上反映你最高水平的研究和教学能力。如果不能清楚地表达并为你的项目辩解，那么你还不具备这种能力，单纯因为口头答辩而失败也并非不可能。当我在攻读博士学位时，我看到一个有公共演讲焦虑症的同学就因此而失败。也就是说，失败是不多见的，尤其是当你没有明显意识到自己的表达存在问题，那么失败就会令人非常惊讶。

如果你所在的学校允许非答辩学生和公众参加答辩，那么务必要亲身去体验一下，论文答辩没必要保密。参加几场，你就了解了答辩流程。我所在的系，虽然答辩是正式公开的，但想旁听答辩的学生通常会征求答辩学生的意见，询问他们是否可以参加。在其他系，人们认为答辩是对所有人公开的，无须事先征求同意。

在答辩开始时，你可能要做一番展示。如果展示，务必简洁明了。你可以简述你的主要发现；你也可以简短地说明你是怎么对这个项目产生兴趣的，研究问题的发展脉络，发现中让你惊奇的部分，接下来的研究方向，等等。咨询你的导师，弄清楚一般的展示要包括哪些内容，多长时间合适。一定要提前卡着时间排练。如果你说得太久了，委员会主席可能会直接打断你，这会让你心慌。

下一阶段是问答环节，即答辩阶段，也是最重要的阶段。

评审委员会成员会轮流提问，通常从外审专家开始。根据委员会和惯例，问答大概会有两到三轮。一般来说，硕士学位的答辩会持续一到两个小时，而博士学位则会持续两到三个小时。

回答简洁，直奔主题。简单地回答"是"或"否"是不够的，而诸如"我没有一点头绪"这样漫不经心的回答也是非常危险。相反，你应该直接简洁地回答问题。虽然这个过程被称为"答辩"，但不要心怀戒备。你可以在答案前加上一句"这个问题问得好",这会很有帮助。

毋庸置疑,你肯定会被问到一些棘手的问题,并且你一时半会儿想不出该怎么回答。不要慌乱,也不要盲目。有些学生试图乱说一气来应对这些情况,但评审们并不傻。教授们会告诉你,你说了一大堆,但没说到点子上。最明智的做法是,沉默一会儿,整理思绪,然后再作答。

有时候学生也很痛苦,教授们会在这种小型演讲中问他们一些又长又难的问题。在提问的时候,做笔记能帮助你弄清楚评审们究竟在问什么。你可以假装写出完整答案,以此赢得多一点的思考时间。如果你依然摸不着头脑,你可以请他们再问一次:"我没有听清楚您问的问题。"还有另一种不错的选择,你用自己的话复述一遍:"我没理解错的话,您问的是我的理论和方法之间的关系,对吗?"诸如此类的问题。如果被问及的问题很复杂,答案有很多个部分,先挑最简单的那个部分答。这样一来,在你回答第一部分时,大脑就可以进一步思考最难的那个问题。

在回答的时候,尽量中立,既不要太接受批评,也不要太抗拒批评。在做法上有稍许不同,在你想要搜集的其他数据上,以及你或许会涉及的其他理论家等方面,承认你犯了些小错也是可取的,但不要承认你在论文的关键地方犯了错。我的一位朋友曾经在一场答辩中这样说："我想您说得对，我的论文确实没什么新意。"哎哟！

那么一向友善的评审们可能会在答辩中刻薄得让你感到诧异。无论和你在一起的时候他们表现得多么风度翩翩，他们必须对你和你的论文严格把关、谨慎评价。特别是在博士论文答辩中，被问到一串刁钻的问题是一种仪式。通常最优秀的学生将会被问到最难的问题。有时候，评审们在答辩时会提一些偏难的问题，以给其他评审留下印象。

随着答辩的继续，接下来可能会问到一些抽象的问题，有的关于现实，有的是证据的性质，如果你不走运的话还会被问到"什么是真理？"这种问题。如果探讨进入形而上学的深水区，你可能会"溺水"的时候，要把话题引回到你的论文上。对于你的研究，你是专家，所以把话题引到你做出的具体贡献上来。这时候免不了要说一些套话，诸如"我觉得这是一个很有趣的话题，但在我的论文中我认为……"，否则话题将可能走向完全不同的方向，变得相当随意，就像聊天。如果是这样的话，那你放开说就好，但时刻要牢记：在答辩期间别人都在评估你。不要在这种看似闲聊的谈话中讲一些轻浮愚蠢的话，否则评审们会从发问中质疑你的研究和能力。

虽然你可能会在心里把答辩看作一场磨难，但最后你会惊讶地发现，其实也还挺有趣的，甚至觉得蛮高兴的。我们都在专业领域里工作，但我们平时并没有太多机会与一群学者详细谈论我们的工作。被一组教授考问，表面上看起来你处于劣势，但你享有很大的优势：这是一个你已经花了几个月甚至几年的时间研究的课题，而评审们只花了小部分时间来读你的论文。所以尽量让自己去享受这个过程。要想享受，你就要提前做足准备。预想一些问题并把它写下来——包括你预料可能会被问到的问题以及一部分棘手的问题。如果在答辩之前，你和某位评审员就论文的某个方面进行过交流，那么你要做好准备，在答辩时可能会被问到这方面的问题。在镜子前或者同学和非评委会的教授面前计着时间练习开场演讲。在演练时，邀请观众向你提问，并要求他们就你的表现给出真实的反馈。这样的准备将会对你在答辩中的表现和舒适程度上大有裨益。

你的答辩可能会很顺利，也就是说，立刻暂缓你的派对计划，抓紧练习。如果评审们给你提出了难题，或者是要你进行修改才能通过论文，这种结果非常普遍，那么你可能不想庆祝。另外，如果你最近都靠着咖啡因和肾上腺素激增来支撑自己，当一切完成后，你可能只想好好睡一觉。

55. 不为工作面试做准备

我差一点把我的第一次面试搞砸，这也是迄今为止，我一直做的学术工作。面试即将结束时，委员会主席问，如果录用我，我想要教什么。我紧紧抓住这个机会强调我有多么渴望教授科学社会学课程，并详细介绍了我要如何组织这些课程。这位主席迟疑了。多年之后，他告诉我当时他之所以迟疑是因为我傻傻地忘记了我申请的是犯罪学领域的职位，而不是科学社会学。然后，他不得不做一些补救，说服委员会我真的是一名犯罪学家，而不是为了得到工作专门装成犯罪学家。

一旦你进入学术工作的候选名单，面试就像是一场耐力测试。这可能包括一次校园访问，在这里你需要教一次本科课程，与研究生和教职人员见面，做正式的求职演说，会见院长，进行正式面试，也可能和招聘委员会成员共进晚餐。这一过程很繁杂，我就不在这儿一一说明了。找学术工作的最后一步就是查找大量文献，你可以在访问书商的网站时键入"学术工作查找"，很多书都会提供工作信息，你可以从中挑选。

在这里，我只重点介绍正式面试中两个关键的错误特征——你和招聘委员会单独待在一个房间里时发生的。在某些学科中，这个面试可能发生在你所在行业的每个人都要参加的重要会议上，或者它可能发生在你去访问这所大学的时候，这时这所大学可能正在招聘，甚至可能通过视频会议进行初步面试。

搞砸面试的第一种方式是对提供职位的院系一无所知。这会让人觉得你并不是特别想要这份工作。好好学习一下该学院的网页：它是否有突出的专业领域或独一无二的研究单位，以及它是否拥有自己的学术期刊？有些院系会定期进行外部评估。问问委员会主席，他能否给你这些文件的所有副本。主席可能不愿意透露这些机密的信息，但如果他答应了，你将会对这一院系的历史、临近的事务以及未来的规划有深刻的了解。在网上查找本系所在学院的愿景陈述或学术计划。这些规划文件通常满是陈词滥调，但能够引用这些文件中明显的关键短语或重要抱负可以显示你做了很多功课，是一个认真的候选人。记住读一下个别教授的资料，了解一些他们的背景和研究兴趣。

委员会可能会问遍所有关于你的专业工作的事，然而，它不能偏离到法律禁止的话题。根据你身处哪个国家，禁止问及的话题可能包括你的性取向，你是否有孩子或打算要孩子，你的宗教信仰，你的年龄，有没有谈恋爱，等等。如果你被问及这些问题，试着从侧面回答："如果您是在问我是否有时间和精力去做好这份工作，我会积极地说：肯定有。"

另一个搞砸面试的好方法是不准备参考答案。大部分问题围绕着一系列有关研究、教学和未来学术计划的熟悉主题展开。网上有的是面试问题的模板，找到它们并粗略地写出回答方案。有些与研究有关的问题，可能与你想要投稿的期刊以及你研究的潜在资金来源有关。你也可能被问到你的研究的重要性或你的研究对教学有什么影响。

委员会也会让候选人描述一下他们与同事或学生发生分歧的例子以及问他们如何处理这种情况，这时候候选人往往会卡壳。准备一下这个问题。不要说你从未与其他人发生过分歧，大多数人不会相信你。他们也有可能会问及你的优点和缺点。突出你的优点通常很容易，但是说到缺点时人们就会有些手足无措了。不要把你最黑暗的专业秘密抖出来，不如说你的弱点本质上和你可能还没有机会做的事情有关。比如：组织一次会议，进行大型的项目基金申请，编辑期刊专刊，等等，说明未来你会努力担当起这些任务。不要说你的缺点是自己过于追求完美，工作太努力，以后需要平衡工作和家庭生活。这样的回答特别矫揉造作，并且已经被用烂了。

他们还会问到三到六个有关教学的问题。以下是近期工作面试的一些问题示例：

• 你会怎样描述自己的教学风格？

• 你认为你的教学有哪些方面还需要"进一步提高"或者是你想提高哪些方面？

• 到目前为止，你教过什么课程，哪些课程你想再教一遍，以及你想要走向哪些新的教学领域？

• 你的教学理念是什么？

• 如果你的班里有一位学生成绩不好，但她没有逃过课，并且看起来是个好学生，你会怎么做？

回答这些问题时，尽量具体一些，并且尽可能用现实的例子作答。

和你的论文答辩一样，记住你正在接受评估。无论面试氛围多么随便，你都要"亮着红灯"；无论是在正式面试还是在大学访问期间与教授们进行非正式的面谈，你都要这样做。

面试结束时，委员会问你对他们有什么问题。提前准备好几个问题。你可以问，为什么学院想要在你的专业领域投资，他们希望获选的候选人能填补什么职位，新人如何融入研究生课程，本科生的优点和缺点，等等。但是，这个时候绝对不要问薪水、教学任务、休假、放假时间、获得终身职位的标准等诸如此类的问题。留着这些问题，等到与院长或系主任的私人会谈的时候问。

最重要的是，要有热情。展示出你了解这一院系并且有极大的兴趣，阐明你将如何对院系的未来以及对个别教授的研究和教学利益做出贡献。

56. 不惜一切地坚持

完成硕士学位需要你花费两年或两年以上的时间，博士学位则需要四年或更长时间。在此期间，除了读研会遇到挑战之外，生活中的其他方面也会出现各种挑战。最普遍的挑战就是把人际关系弄得一团糟。关系可能在不知不觉中恶化，更可能因为学业压力加速恶化。你可能会沉迷于自己手头的工作，有时也可能负担过重，这都不利于形成良好的人际关系。当你的学历越来越高，你会逐渐发生一些极其细微的变化，变得与以前不同。你会拥有新的朋友圈、新的兴趣爱好和日常习惯。你身边的伙伴可能不太喜欢你的这种转变。

但是人际关系问题造成的心理创伤，可能是你遇到的困难中最小的。我认识一些曾经患有严重疾病、曾经遭到虐待、曾经酗酒和吸毒成瘾、曾经见过家人住院，或者曾为父母或爱人的去世哀悼过的研究生。我们系有一名学生，他家的房子和全部的财产在一场大火中毁于一旦，从此他变得无家可归。

如果你遇到如此严重的困难，一定要正视它们，并做出一切必要的安排来确保你的身体、心理、财务和情绪的良性发展。你可以向你的导师和研究生院院长寻求支持和指导。你不会是第一个寻求此类帮助的人。去大学心理健康和咨询服务中心寻求专业的帮助吧。

当面临压倒性的私人困难时，仅专注于学业可能会具有毁灭性和自我挫败感。先放下学业休假去照顾自己和家人，这并不羞耻。在这种情况下，大多数大学会暂停你的课程，这意味着离开学校的时间不会计入你完成学位所需的时间。

除了个人问题之外，还有很多问题会让你再三考虑自己是否应该继续读研。读完头一年或两年后，反思一下你的进步、日常工作、简历发展得如何等诸如此类的事。如果你很清楚地看到等待你的是待遇很差的合同和没有保障的工作，那么退学或许是个不错的主意。让大学也很遗憾的事实是，大约有50%的博士研究生不能完成学位（在不同的项目和国家，情况也会有所不同）。对于一些刚开始读研究生学位的人，尤其是博士生，在某些时候退出可能是最明智的做法。一些信号会警告你或许应该考虑一下要不要退学，这些信号包括没有动力，不会论文写作，错过截止日期，跟不上其他同学，回避你的导师，以及没有管理好你的财务状况。

最近，我很了解的一位博士生做出了我认为考虑十分周全的决定：她选择在读博第二年辍学。她给我发了一封精心准备的电子邮件，我问她我能不能在这里引用她的信来体现她的想法：

最近，我决定找一份全职工作。之所以这样做，有许多的原因。今年我做了不少其他工作（推进学生服务研讨会的举行，组织会议），这些工作让我意识到我到底喜欢做什么以及我擅长做什么，而这些真的都和读博没什么关系。我做研究也还好，我喜欢阅读别人做研究写的文章，但今年我确实得到很多启示，它们告诉我做研究真的不是我的菜。

另外，今年我写论文时根本没有什么内在的动力，这说明我可能不应该继续下去了。

我真的不想成为一名死也要死在读博这条路上的研究生。我看到过很多我的研究生同学，他们没有一点创造性，我在想："他们在这里干什么?!"我突然意识到我也已经成了他们当中的一员。我曾经在这一领域有很多内在动力和主动性，但最近这些动力已经慢慢转移到我的其他项目和工作中。

此外，从完全实际的方面考虑，我快要31岁了。三年后，我更希望自己早已事业有成，并且开始休产假，而不是刚刚步入职场。对我来说，再不抓住时机就真的晚了。我知道31岁并没有那么老，但也确实足够让我好好考虑这一问题了。

无论如何，从她想要的生活考虑，我认为她做了一个很好的决定，即使她完全有能力顺利读出博士学位。我也认识其他已经做出类似决定的学生。她们在读博第二年做出这样的决定，肯定比在第八年做出这样的决定好太多。

57. 认为从事非学术工作就是失败

高等教育正在迅速变化，学术就业模式因此也在发生变化。虽然从研究生到终身教职人员的过渡仍可能很平稳，但不论是在某些领域还是作为学术工作的一部分，终身教职工作的数量都有所减少。其中一个原因与供求关系有关：大学培养出来的博士研究生的数量远远超过入门级教职工作的数量。另一个原因是劳动经济学的作用：助教和合同制职位的成本要低得多，并且也不会占用大学较多的时间。因此，大学研究和教学职位越来越具有暂时性和不稳定性。这种趋势在某些学科表现得更为明显。我的学院大约有一半的博士研究生最终还是能获得终身教职的工作，但还有很多人甚至没有完成博士学位，造成这样的原因有时候是因为他们觉得自己的未来不在学术界。无论是国外大学毕业还是国内大学毕业，现在博士研究生不得不在大学以外找工作的现象已经变得十分普遍。

所以，你要从一开始就认识到这一事实，考虑一下在传统大学体系以外的工作。这需要你自己做一些工作，并进行一些心理调整。虽然自20世纪80年代以来，一直有人谈及为博士研究生准备一些非学术性职业，但大学在这方面做得并不多。一些学科，比如化学，研究生进入工业界可以说是无缝衔接；但在许多其他领域，当研究生意识到他们没能走上他们导师的职业道路时，他们会经历一段心灵探索的焦虑时期。

这种情况最初可能令人失望，尤其是因为许多教授仍然觉得从事学术生涯最为光荣。然而，我认识很多拥有研究生学位的人，他们在教育、政府、编辑和私营企业研究等领域做着令人充满热情的工作，并且待遇很丰厚。

如果你是一位正在考虑继续攻读博士学位的硕士生，那么利用你读硕士的时间认真考虑一下学术事业是否真的适合你。考虑因素应该包括评估你所在学科的博士学位的就业前景。如果学术工作的前景并不乐观，你应该考虑把硕士学位作为最终学位。

即使你打算在学术界工作，也要看看有没有其他选择。比如去了解一下其他工作，参加一些招聘会，雇主会来到校园宣传他们的工作；问问那些从事非学术性工作的师哥师姐。另外，还要考虑一下如何在你可能会找到工作的非学术领域建立人际关系，因为这样有助于你顺利进入职场。

最后的想法

之所以给出避免一些常见的搞砸情况的具体建议，我们是希望有助于你——或者将帮助你——做一名优秀的研究生。虽然我们的建议侧重于具体情景，但许多建议都围绕着一些重要主题展开。现在该是推出具体情境，给出五项关键原则的时候了，这些原则会帮助你在研究生院及以后的生活中茁壮成长。

第一个原则是把机遇最大化。研究生院是你在学术和研究领域开拓疆土的地方。要做到这一点，你需要一路寻找各种机遇。有些机遇，所有研究生都唾手可得，例如有机会教授或参加旨在帮助学生了解微妙的学术生活的研讨会，其他机遇能降临到你头上是因为你在正确的时间待在了正确的地方，比如出版社在你的领域内向你邀稿。无论是哪种，都要好好利用可用的资源和机会。

第二个原则是承担责任。这一原则包括完成写作、理财或保持健康的家庭生活，这些没有人会替你做，所以你需要承担起这些责任。很多人会在你读研时给以帮助，但你才是你的项目和工作的引领者。你必须明确自己的职业抱负，踏上追求最大利益的旅程，同时跨过潜在的绊脚石。

第三个原则是建立良好的工作关系。"天才是孤独的"只是一个传言。归根结底，学术界的大部分专业生活都围绕着一个相对较小但具有里程碑般意义的人群展开。明确这些人在你的专业和个人生活中扮演的不同角色，并且认识到他们的角色不止一个。他们是人，也有自己的情感、期望和抱负。无论是与你的导师还是后勤工作者打交道，你都需要记住互相尊重，对你有益的关系不会自己出现，这样的关系需要你付出努力。

第四个原则是寻求帮助。这不是软弱的表现。没有人一开始就了解研究生院或大学是怎样运作的，该需要帮助的时候就去寻找帮助。阅读本书就是一个不错的开始，但仍然有很多事没有解决，因为具体情况因你的大学、课程或个人情况而有所不同。阅读与你息息相关的大学网页，记住校园里有很多人的工作就是帮助你。问问题绝对没有错，所以寻求你需要的帮助吧。

最后，也是最重要的原则，是塑造一个值得骄傲的专业声誉。无论是作为学者、同事还是人类，声誉都应该是你最珍贵的学术资产，它是在很长一段时间内的每一个小举动的总和之上建立起来的。虽然你的研究成果对塑造声誉至关重要，但自我克制、处理压力以及处理和他人关系的方式同等重要。从你申请研究生院的那一刻，你就已经开始建立自己的专业声誉，而贯穿你整个学术生涯的后续行为将会继续影响你的声誉。

虽然本书强调了研究生教育的一些缺陷，但无须担心，研究生生活可以是，并且确实是，快乐而富有意义的。我们希望阅读本书会让你的研究生生活更加美好。同时也要记得，努力工作，玩得开心……还有，别搞砸了。

附录：研究生院概览

大学之间和不同学科之间的研究生课程差别很大。我做不到公平公正地对待这些多种多样的形式，不如为大家呈现一个研究生院及其运作方式的大致概览。

研究生院最基本的区别是硕士学位与博士或者说博士学位之间的区别。博士是一门学科的最高学位，拥有该证书可以让你竞争教授的工作。拥有博士学位的人还可以在其他领域工作，包括商业、工业、出版业、政府和新闻。但是在人文学科（如英语或哲学）中以及在一定程度上的社会科学中，博士学位课程并不像那些适合学术界以外的工作培训课（虽然在一些学科中开始发生变化）。拥有工程或应用科学博士学位可以让你更轻松地获得大学以外的高层次工作。读博士学位的风险比读硕士学位更大：读博士需要更长的时间才能完成，读不出博士学位的可能性很高，获得博士学位也不能保证找到学术性工作。因此，你应谨慎仔细地考虑是否读博，对你以后的工作以及如何得到这份工作有一个清晰的规划。

硕士学位有三种。第一种是以课程为基础的"终端"硕士学位，这在社会科学和人文科学中更为常见，但其他学科也有。之所以称之为终端学位是因为想要获得终端学位的学生并不想继续攻读博士。相反，这类硕士的重点是完成一系列课程。这样的学位对于那些希望将其用于工作目的的人来说很有吸引力，因为他们可以非全日制读这一学位。这种硕士学位仍然可以成为攻读博士学位的踏脚石，但是一些博士项目更喜欢硕士阶段已经包括更持久的个人研究项目的硕士，而以课程为基础的硕士学位通常没有这一部分。

第二种类型的硕士学位，被称为论文型硕士或研究型硕士，这类硕士学位更加重视独立研究。除了学习学位课程外，这类硕士生还需要进行独立的研究项目。像终端硕士学位一样，这个学位可以成为攻读博士学位的踏脚石，虽然攻读这一类硕士的学生没必要继续攻读博士学位（很多学生都没有继续）。

最后一类的硕士项目的设计目的很明显，就是让你直通博士。这也可能包括读完大学本科后直接读博。如果他们没有读出博士学位或在读博第一年表现不佳，他们可能会被博士项目除名,然后可以考虑让他们读硕士学位。

并非所有大学都有所有领域的研究生学位。进所有项目都需要竞争,有时竞争会非常激烈。申请人必须整理正式的申请资料,这些资料通常包括一份利益声明、一份研究计划、一份成绩单、一份论文样本,以及教授撰写的谈及你的学术成就和学术潜力的推荐信。很多学校都想知道你在GRE(研究生入学考试)等标准化考试中考到的分数。如果你的母语不是英语,他们也希望看到你的英语水平测试成绩,北美的英语水平测试就是托福考试(针对母语非英语的人进行的英语水平测试)。

被博士学位项目录取的学生——一般会,但并非总会——受到资助。这些资助部分或是全部来自教学助理(TA)或研究助理(RA)的工作。一些拥有大笔基金的教师通过雇研究生做研究项目的助手来独立资助他们。大学可能会为研究生提供奖学金或免除学费。除了外部基金会外,美国国家科学基金会或加拿大三大研究理事会等国家机构也会提供竞争性奖学金,学生需要自己申请这类奖学金。如果是在某个国家上学,但不是本国公民或在本国没有永久居住权的学生,他们的学费和资助选择就会有所不同,这对国际学生来说是一个额外的挑战。

很多项目通过某些这样的安排来资助硕士生，但也有许多硕士生没有资助。获得资助和没有获得资助的学生都会发现这些并不足以支付他们所有的花费，从而迫使他们贷款支付研究生教育的部分费用。所以越来越多的硕士生开始做兼职。

进入研究生院的学生会经历一段调整期。本科生活和研究生生活之间的一个明显区别就是你与教师的关系。在规模很大的院校，本科教育会有一种隐姓埋名的体验，但研究生院的目的就是让你和你的教授私下了解彼此。你可能会被鼓励直呼教授的名字，尽管不是每个人都喜欢这种做法，所以还是要一步一步来。你的课程会变成由其他研究生一起组成的小型研讨会，有时硕士和博士生都会有，这也将让你了解自己的研究生同学。比如，我们大学的研究生研讨会有五到二十名学生。

通过担任教学助理或研究助理，研究生也可以更好地了解老师。从这个意义上说，研究生是大学教育和科研的重要组成部分。因此，虽然研究生是来这里学习的，但他们也以不可或缺的方式为大学做着贡献。没有研究生，许多大学根本无法发挥其核心作用。

论　文

在北美，博士和硕士生（如果他们正在撰写论文）必须征集一组教授（通常五人是博士学位，三人是硕士学位）来组成他们的论文委员会。你的导师对这个过程会有不同程度的投入，有时甚至在组建委员会方面起到主导作用。委员会成员会帮助和指导你的研究并评估你最后的论文。目前为止，你的导师将是这些人中最为重要的人，他希望在你的论文上与你有密切的合作。

硕士学位的目的是使学生获得比本科水平更高级的研究技能和专业知识。硕士学位的要求简单直接，一般包括学生必须参加的一系列课程（也有学生自主选择的空间）。论文型硕士项目的学生必须完成学位课程以及由论文委员会评估的独立研究项目。

博士生的最终目标是完成她的论文（有时也称为博士论文）。这是一项持续的独立研究，有助于拓展所在领域的知识。根据学科的不同，获得博士学位可能需要写一本长达数百页的专著，有时也会出版成书；或者也可能需要写一些独立的文章来解决大致相似的问题，以此作为学术贡献，从而授予该生学位（有时称为综合性论文）。在其他学科中，论文也可能相对较短。例如在统计学或物理学中，论文可能包含一系列简洁却集中的高级运算，旨在解决一个数学问题。

不同项目的博士生在论文之上以及在论文之外还面临着许多不同的官方要求。在英国和北美的一些生物科学中，这些额外要求相对较少，重点完全放在论文上，刚进入研究生院时你就要开始写论文。

北美大学的学生往往面临更多并且范围更大的正式学位要求。比如，他们开始自己的研究项目时，通常还需要完成一年的学位课程。博士生通常还必须通过一项或多项综合考试，证明他们已经掌握了学科内部的学术著作。这些考试可能是写书面论文，也可能是做口头答辩，有时两者兼而有之。

在许多课程中，博士生也必须在开始研究之前通过提案答辩。提案答辩需要评估候选人进行高级研究的能力，审查研究计划是否运用了恰当的方法论，以及研究结果是否促进该领域的知识发展。在某些学科中，这一过程由一个委员会来正式执行；在其他学科，这一过程也可能很随意，学生简短地向她的导师提出一个有前景的研究项目，或者建议在一个现有实验室成果之上建立另一个研究项目。

学生收集完数据并撰写了她的发现之后，就必须进行论文答辩。对于博士生，论文指导委员会全体成员会悉数到场进行检验。在北美，导师会参与其中；而在英国，导师不会参与其中，因为她在场会有失公允。不是本校的外部审查员也可以参与这次考试，这取决于大学的要求；这个人可以亲自出现在答辩会上，也可以通过视频会议参与，或提供书面评估。对于所有审查员，评估的中心是学生对研究的介绍和分析，以及她的研究结果是否促进了该领域知识的发展。

项　目

除了为人熟知的资格证明，不同的博士项目可能会要求学生参加伦理培训，展现第二语言能力，或接受一些教学指导。

即使是参加同一项目的学生，他们获得学位所需的时间也千差万别。硕士学位可能需要一到四年才能获得（一般是两年），博士学位可能需要三到七年或更长的时间。时间期限取决于项目本身，学生需要多长时间完成研究，以及生活中耽误学生进度的事件。

我一直在谈论获得研究生学位的官方要求，但研究生院的很大一部分内容也包括你其他所有的活动。如果你在读研所做的一切都是官方要求的，那你会错过很多东西。尤其是，如果你仅通过完成大学日程表中的内容来获得博士学位，那么最后找到工作的概率会很低。

之前我就提到，研究生当助理不仅可以获得薪酬，还可以为大学的教学和研究做出重要贡献。助教帮助教授或讲师教授了很大一部分本科课程，这项工作可能包括批改作业、论文和试卷，以及与个别大学生会面，并帮助他们；这也可能包括在讨论组或教程中引导本科生，甚至可以给本科班级讲课。如果你想拥有一份学术性工作，助教这份工作是为你未来教学积累经验的好机会。

在大多数有研究生项目的院校中，教授们会进行研究工作。他们可能有研究基金，因此他们可以雇用研究生做研究助理。有些学科还提供由业界资助的研究助理工作。除了获得资助这一好处之外，在高级研究员的指导下，研究助理还可以习得实际的研究经验。一些研究生甚至有机会通过研究助理工作获得共同撰写学术刊物的机会，虽然这个机会取决于学科和导师的特殊安排。

院　系

研究生通常以一个院系为落脚点，以此作为自己的学术根据地。你在什么院系（结合你完成的学位要求），将决定你获得什么学位。有的学院会有不同的项目，从而提供不同的学位。例如，身在心理学院的学生可能会被咨询心理学、青少年心理学或认知心理学录取。

你的大部分日常活动都将在学院内进行，或者只是在小小的研究小组内进行。你的学院在你的研究生生活中占有首要地位，它让你意识到有必要去了解学院是什么，在这里会有什么样的人。重申一遍，虽然大学院系内部和学院之间千差万别，但他们都履行了大致相同的角色。

院系都由学术领域或学科组成，比如物理学或化学。各学院是负责管理学位、教授课程和开展与这些单独领域相关的研究的行政单位。研究生和教师都聚集在这个单位里，但并非所有的学系都能成为一个学院。学习法律和护理的研究生可能没有归属学院，在这种情况下，他们的系就相当于学术大本营，因此，他们只是法学系或护理学系的学生。

人　员

院长（或系主任）负责监督和管理学院。他会是一位教授，通常是高级教授，他会在一段时间内（例如五年）承担这一行政职位。他管理预算、招聘、投诉、职位分配和教师评估，他偶尔会负责课程安排、研究生入学和承担教学任务。有人可能会说院长是学院的老板，说得并不准确：院长没有管理者在企业工作场所中享有的行政权力。大多数学院旨在以合议的方式做出决定，院长倾向于寻求共识而不是命令别人做事。会议会占用院长相当多的时间，这意味着研究生与院长的交流很少，除非他是你的导师或委员会成员。

院长通常有一名行政助理，他不是教授，而是一名大学工作人员。此人帮助院长执行广泛的职责，有时会管理学院的财务，尽管这也可能由一名独立的财务人员来完成。与高级管理人员一样，行政助理会成为管理学院各方面的有影响力的人物。

另外，研究生院院长是负责监督研究生课程的教授，她的职责可以包括修改课程、管理学生投诉以及录取新生。如果你的项目存在严重问题，这通常会在某个时候引起她的注意。研究生院院长会是你在决定去某个学院时需要打交道的人，并且她可以指导和帮助你解决在读研期间可能出现的问题。有时，研究生院院长也会有一位行政助理来处理行政事务或者研究生课程的文书工作，还可以解决大学的官僚作风以及一些实际问题。这可能是你在研究生学习期间最熟悉的人，对他要像对待研究生院院长一样，培养与他的友好关系会很有用。

各院系也会有行政人员，但在提供帮助方面会存在巨大差异。在过去的二十五年中，学院行政人员给予的帮助急剧下降，主要是因为预算削减，以及把更多的行政工作转移给了教授。一个学院可能会有行政人员负责协助本科学院院长、研究生院院长抑或是负责校务。这种职责可以由许多不同的人来完成，或者，在比较小的学院中，只需要一个人就能完成。

一个院系的主要学术人物就是教师和讲师。一开始会很难区分这些人在学院组织架构中担任什么样的职责，但可以放心，官方的组织架构肯定会把教授的职责分得清清楚楚。大学会有不同的学术级别把初级教授和高级教授区别开来。容易让人搞混的是，这些职位的名称在不同的国家是不同的，同一个头衔在不同的国家可能有不同的含义。

助理教授（抑或讲师，常见于澳大利亚、英国和新西兰体系）通常是在前几年就获得了博士学位。他们被聘用后，会进入一段类似于试用期的时间。这段时间，他们一般会进行研究工作，教授本科，有时是研究生课程，以及做少量的服务工作。大学会利用这段时间来确定他们能否获得永久而稳定的工作。

助理教授渴望晋升为副教授（在一些非美国系统中被称为高级讲师或资深学者），获得该职称意味着获得终身教职工作。对于北美学者来说，获得终身教职工作可能是他们职业生涯中最重要的时刻，因为这给了他们相当大的工作保障，有时可以把这理解为拥有了一辈子的饭碗。事实上，有时终身教职人员也会被解雇，但想要这么做，大学必须首先证明该教职人员严重不称职或滥用职责。没有终身教职工作的助理教授会与研究生一起工作，理想情况下会与很多高级教授合作。在一些学院，助理教授在成为副教授并获得终身职位之前，没有单独带研究生的权利。如果想要做导师，就必须要与比自己等级高的教授一起成为合作导师。

学者们需要在他们的研究中创造新的知识并挑战既定的认知与事实。这样做可能会招致既得利益集团的严厉而不公平的批评，因为这些既得利益集团害怕出现新发现，或者他们把自己的精力和资金投入到了既定安排上。终身教职制度旨在为学者提供信心，使他们能够坚持自己的政治立场，即使这个立场有时在广泛的社会中不受欢迎，或者探索起初看起来可能是异端思想的东西，同时又不用担心失去工作。

在北美，在担任助理教授四至六年后，有些人会有资格获得终身职位。如果授予终身教职工作，助理教授通常会晋升为副教授（尽管在某些大学中，授予终身职位和晋升分别是单独的决定）。副教授会承担全部学术责任：从事研究和教学（包括研究生课程和本科课程），承担更严肃和长久的行政管理职责，以及做研究生的导师。

几年甚至几十年后，副教授可以申请晋升为教授（正高职称）。这是北美体系中最高的学术职称。这些人是大学中的核心人物，并且有可能会担任更重要的行政职位。因此，很多系主任以及几乎所有院长都是正教授。其中一些人因为被授予名誉院长〔例如人工智能领域的赛伯达（Cyberdine）系统研发院长〕的称号而获得额外优待，这种待遇通常通过捐款的方式实现。

组成学院的最后一类人就是博士后研究员（PDFs）。这些人已经读完博士学位，并且获得了奖学金。这些奖学金能允许他们在任何地方进行一至五年的研究，主要看具体情况。这样的奖学金竞争相当激烈，这反过来也使得它们享有盛名。申请到这样的奖学金是毕业生在申请终身职位之前美化简历的极佳方式，同时也让他们寻找更稳定的工作时更有保障。在自然科学领域，获得博士后奖学金，有时在寻找教授职位时具有很大的竞争优势。然而，在某些领域，博士后奖学金或许只是一种安慰奖，表明获奖者没有找到终身教职工作。

致 谢

我们非常感谢我们的研究生,从他们身上,我们学到很多东西。感谢那些阅读本书的早期版本的朋友,感谢那些允许我们针对研究生教育不同方面采访他们的朋友,以及感谢那些提出了建议的朋友。此外,还要感谢 Kumarie Achaibar-Morrison, Sandra Bucerius, Deborah Conners, Sara Dorow, Andrea Doucet, Nancy Evans, Karen Foster, John Gilliom, Ariane Hanemaayer, Lois Harder, Joanna Harrington, Laura Huey, Karen Hughes, William Johnston, Paul Joosse, Naomi Krogman, Steve Kuntz, Lisa Langford, Jason MacLean, Temitope Oriola, Lynn Penrod, Renee Polziehn, Chris Schneider, Krista Shackleford, Bill Stapes, Caitlin Tighe, Serra Tinic, Daniel Trottier, Jennifer Whitson, Heather Zwicker,卡尔顿大学(Carleton University)和艾伯塔大学(the University of Alberta）社会学博士研讨会的所有成员，以及 2014 年参加在加拿大社会学协会会议上举行的"如何搞砸研究生生涯"小组讨论的每个人。

即使是高级教授也需要指导。凯文·D.哈格蒂特别感谢 Harvey Krahn 一直以来的指导和两人之间的友谊。尽管德克兰（Declan）现在不太听从我的建议，但我希望如果他选择读研究生，这本书会对他很有用。

亚伦·道尔感谢卡尔顿大学社会学和人类学系的教师、学生和工作人员，感谢他们在过去十三年里提供了如此美好的工作环境，以及感谢他们为本书提供了大量的素材。他会把 Liz、Genny 和 Charlie 在学术道路上给予的爱和支持铭记于心。

我们要感谢芝加哥大学出版社的 John Tryneski 对本项目的热烈支持，感谢 Leslie Keros 对原稿的精心编辑。

凯文和亚伦也互相感谢对方，感谢两人二十多年的友谊与支持。正是因为这种相互支持，我们从自己在研究院和以后的生涯里犯的许多错误中挺了过来。

理查德·V.埃里克森的恩情，我们二人无以为报。

出版后记

今天，读研已成为很多学生毕业后的选择。不过，"如果是因为错误的原因选择读研或者没有读好研究生，这也可能是个搞得生活一团糟的好机会"。有的人在不经意间就将读研这个事儿"搞砸"了，或许仅仅是因为当初没有人提醒。如作者所言，研究生教育并不神秘，没有不可告人的秘密，人们也不会排斥或抛弃那些透露内部消息的人。问题在于，很少有人费心地写下研究生院非官方的惯例和行为准则。

本书的两位作者都是研究生院院长，指导过许多硕士生和博士生，对于如何避免搞砸研究生生涯这个问题，他们有着丰富的经验，并在本书中将每一个细节分享了出来。诚然，书中有的建议或许并不完全适合每一个人，但都能作为较好的参考。

服务热线：133-6631-2326　188-1142-1266

服务邮箱：reader@hinabook.com

后浪出版公司

2020 年 9 月